Andrea Pabel
wuchs im Chiemgau in Bayern auf. Schon als Kind lernte sie reiten, auf der kleinen Islandstute Freica, über die später ein Kinderbuch entstand. Andrea Pabel schrieb Kurzgeschichten und Erzählungen, Kinder- und Jugendbücher sowie Pferdesachbücher. Die Autorin ist Feldenkrais-Lehrerin und lernte in den USA bei Linda Tellington-Jones die TTEAM-Methode der sanften Pferdeausbildung.
Andrea Pabel lebt heute mit ihrer Familie und mehreren Tieren auf ihrer Ranch bei Taos, New Mexico, und züchtet Pferde.

Pferdeabenteuer Vollblutaraber

Andrea Pabel

Hundert Meilen bis zum Ziel

Schneider Buch

Bibliografische Information Der Deutschen Bibliothek
Die Deutsche Bibliothek verzeichnet diese Publikation in der Deutschen Nationalbibliografie; detaillierte bibliografische Daten sind im Internet über http://dnb.ddb.de abrufbar.

Der Schneider Verlag im Internet:
http://www.schneiderbuch.de

Vertrieb durch Egmont vgs verlagsgesellschaft mbH, Köln
Titelfoto: Okapia
Vignetten: Milada Krautmann
Schrift: 10 pt Stone Serif
Druck und Bindung: Ebner & Spiegel, Ulm
ISBN 3-505-11979-2

04 05 / 8 7 6 5 4 3 2 1

Ein unverhofftes Angebot

„Dzien dobry!“, rief Jelena, und ein vielfaches Wiehern beantwortete ihr „Guten Morgen“, als sie sich durch die Tür des Stutenstalls schob. 20 edle Pferdeköpfe flogen in die Höhe, 20 dunkle Augenpaare beobachteten das Mädchen erwartungsvoll. Die meisten der Stuten waren Schimmel, aber es gab auch ein paar Braune und einen Fuchs.

Jelena liebte die allmorgendliche Begrüßung und ließ es sich nicht nehmen, ihrem Vater vor der Schule bei der Morgenfütterung der Pferde vom Arabergestüt Brialka zu helfen.

Die Tür öffnete sich, und ihr Vater kam mit einer Schubkarre voller Futtereimer in den Stall.

Die Pferde begannen zu wiehern. „Na, habt ihr mal wieder seit drei Tagen nichts zu fressen bekommen?“, scherzte Jelenas Vater, während er den Inhalt der Hafereimer in die Krippen füllte.

Jelena half ihm dabei, und schon bald hörte man nur noch das ruhige Kauen der Stuten und hier und da ein zufriedenes Prusten.

Dann ging es zu den Hengstställen hinüber. Hier wurden die vier Deckhengste des Gestütes in geräumigen Boxen gehalten.

Emanosk, der älteste der Hengste, wieherte laut und herrisch, die anderen stimmten ein. Der große Schimmel reckte seinen edlen Kopf über die Halbtüre seiner Box und begrüßte den Stallmeister mit leisem Brummeln.

Jelena strich ihm über die silberhelle Mähne. „Mein Allerbester", flüsterte sie und atmete den herrlichen Duft nach Pferd ein, als sie ihren Kopf gegen seinen warmen Hals lehnte. Sie kannte Emanosk, seit sie denken konnte, und sie liebte den wundervollen Hengst über alles. Schon als kleines Mädchen hatte ihr Vater sie auf seinen Rücken gehoben, und der große Hengst war ruhig stehen geblieben und hatte sie geduldig im Hof herumgetragen. Inzwischen war Jelena mit ihren 14 Jahren eine sehr gute Reiterin. Oft half sie Marek beim Einreiten der Jungpferde. Er lobte ihre weiche Hand, ihr Einfühlungsvermögen und den sicheren Sitz.

Jelena wusste, dass Emanosk niemals verkauft werden würde, er war der Stammhengst des Gestütes und der erklärte Liebling seines Besitzers. Deshalb hing sie auch besonders an ihm, denn bei den anderen Pferden konnte man nie wissen, ob sie nicht eines Tages doch weggehen würden.

Jelena selbst hatte kein eigenes Pferd. Sie hatte sich zwar schon oft eins gewünscht, aber ihr Vater hatte jedes Mal abgewinkt. „Du hast jeden Tag beinahe 50 Pferde um dich, du kannst reiten, so viel du willst, was brauchst du da ein eigenes Pferd?" Natürlich stimmte das, aber dennoch wünschte sich Jelena sehnlichst ein eigenes Pferd. Ein Pferd, das nur ihr gehörte, das nicht verkauft oder auf die Rennbahn nach Warschau geschickt wurde.

„Jelena, bist du mit den Hengsten noch immer nicht fertig?“, riss sie die ungeduldige Stimme ihres Vaters aus ihren Träumen. Schnell lief sie in die Futterkammer, holte die Eimer mit dem Hafer, schüttete den Hengsten ihre Ration in die Krippe und gab anschließend jedem noch einige Lagen Heu.

Dann warf sie einen Blick auf ihre Armbanduhr. „Ich muss los, sonst verpasse ich den Bus“, rief sie ihrem Vater zu. Zu gerne hätte sie noch die Jungpferde mit ihm gefüttert, aber dazu reichte die Zeit nicht mehr.

Jelena rannte über den Hof ins Haus, zog sich in aller Eile um und schnappte sich ihren Rucksack mit den Schulbüchern.

„Du hast noch Heu in den Haaren!“, rief ihre Mutter, als Jelena sich gerade auf ihr Fahrrad schwang, um zur Bushaltestelle zu fahren. Während sie versuchte, gleichzeitig zu winken und sich das Heu aus den Haaren zu zupfen, flatterte auch noch eines der Hühner direkt vor ihr über den Weg. Um ein Haar wäre Jelena samt Rad umgekippt. Im letzten Moment fand sie ihr Gleichgewicht wieder und radelte schimpfend vom Hof.

Als sie am Nachmittag von der Schule nach Hause kam, fand sie ihren Vater in einige Blätter Papier vertieft am Tisch sitzen. Auf ihre Begrüßung antwortete er nur mit einem leisen Brummen und hob nicht einmal den Kopf.

„Was liest du denn da Spannendes?“, wollte Jelena wissen und zog sich einen Stuhl heran.

Vor ihrem Vater auf dem Tisch lagen die Papiere eines Pferdes. Jelena überflog sie flüchtig und erkannte sofort, dass dieses Pferd von Amurath Sahib abstammte.

„Emila“, las Jelena den Namen des Pferdes vor. „Das ist doch keines von unseren Pferden, oder?“, fragte sie erstaunt.

„Nein.“ Ihr Vater richtete sich auf und sah sie an. „Das ist eine komische Geschichte. Ein junger Mann hat dem Gestüt diese Stute zum Kauf angeboten. Sie hat Amurath Sahib im Pedigree, sogar doppelt!“ Er deutete auf den oberen Teil der Papiere. „Hier, ihr Urgroßvater war Arax, einer der besten Amurath Sahib-Söhne.“

„Wieso verkauft er das Pferd?“, wollte Jelena wissen.

„Tja, der Mann versteht nichts davon und hat die Stute von seiner Tante übernommen. Er hat der alten Dame vor ihrem Tod versprechen müssen, sie an einen Züchter zu geben, der ihre Abstammung zu würdigen weiß. Ich habe keine Ahnung, wie die Tante zu dieser Stute gekommen ist. Sie war eine Bildhauerin und hat die Stute als Modell für ihre Skulpturen und Skizzen gebraucht. Ansonsten hat sie nie etwas mit ihr gemacht, sie ist nicht geritten und hat noch kein Fohlen gehabt.“

„Wie alt ist sie?“, fragte Jelena interessiert.

„Sechs Jahre“, erwiderte ihr Vater. „Wenn die Stute hält, was ihre Abstammung verspricht, ist es ein Jammer, sie einfach nur herumstehen zu lassen.“

„Will Dr. Stachura sie kaufen?“

„Er hat sie noch nicht gesehen", antwortete ihr Vater.

Jelena überlegte kurz. „Verkauft der Mann sie, oder schenkt er sie dem Gestüt?"

„Er verkauft sie, allerdings zu einem Spottpreis."

„Wenn Herr Stachura sie nicht für das Gestüt haben will, kann ich sie dann vielleicht kaufen?", fragte Jelena hoffnungsvoll.

„Na, hör mal, du hast das Pferd doch noch gar nicht gesehen!", rief ihr Vater.

„Aber die Papiere sind super", rechtfertigte sich Jelena, „ein Pferd mit einer solchen Abstammung kann doch nur gut sein."

„Unsinn!", widersprach ihr Vater streng. „Auch ein Fohlen mit einer guten Abstammung muss nicht immer herausragend sein."

„Ja, schon gut, ich weiß." Jelena waren die Belehrungen ihres Vaters manchmal zu viel. Er hatte ja Recht, aber sie mochte es nicht, dass er ihre Begeisterung immer mit seinen vernünftigen Argumenten bremste.

„Aber wenn Emila nun gut ist und er sie nicht will …", begann sie aufs Neue.

„Jelena!" Ihr Vater stand auf und faltete die Papier zusammen. „Wenn sie gut ist, will Herr Stachura sie natürlich haben, das weißt du doch selbst. Und wenn sie nichts Besonderes ist, ist sie auch kein Pferd für dich. Du wirst es übrigens bald wissen, denn Herr Heywoski bringt sie noch heute Nachmittag hier vorbei."

„Das ist ja toll!" Jelena sprang auf. „Ich bin schon total gespannt!"

„Versprich dir mal nicht zu viel." Ihr Vater lächelte ihr zu. „Aber man kann natürlich nie wissen!"

Jelena erzählte die Neuigkeit von der mysteriösen Stute gleich ihren beiden kleinen Schwestern Renata und Thereza. Beide mochten Pferde, obwohl sie nicht so vernarrt in sie waren wie ihre große Schwester. Aber ein neues Pferd, von dem man so wenig wusste, fanden beide natürlich sehr spannend.

Thereza war acht Jahre alt und Renata sechs. Sie hatten wie Jelena blonde Haare und braune Augen. Aber während Thereza ihr Haar kurz trug und am liebsten in Hosen herumlief, spielte Renata mit ihren Puppen, zog gerne Kleider an und bestand darauf, dass ihre Mutter ihr jeden Morgen Zöpfe flocht. In einem aber waren sie sich gleich: Beide liebten ihre große Schwester Jelena, die ihnen abends Geschichten vorlas oder von ihrem Tag bei den Pferden erzählte.

„Wir können ja zur Linde vor dem Hof gehen und Ausschau nach dem Transporter halten", schlug sie vor.

Die alte Linde, das Wahrzeichen des Gestütes, stand auf einer kleinen Erhöhung, von der aus man die Straße zum Gestüt sehr gut beobachten konnte. Die drei Mädchen setzten sich unter die ausladenden Äste des großen Baumes, unterhielten sich und spähten immer wieder in die Richtung, aus der das Auto kommen musste. Es war die einzige Straße, die von dem Hof mit seinen riesigen Weiden zum nächsten Dorf führte. In einiger Entfernung sah Jelena eine Bäuerin, die zwei Kühe auf die Weide trieb; auf der Hauskoppel nebenan tobten die

Junghengste herum. Ihre Hufe trommelten auf den Boden, als sie an den Zaun gerannt kamen, sich spielerisch herumwarfen und davonpreschten, als wäre ein Rudel Wölfe hinter ihnen her.

Es war ein warmer Tag, ein Zitronenfalter schaukelte durch die Frühlingsluft, und ihre kleinen Schwestern erzählten irgendetwas aus der Schule. Jelena hörte nicht richtig zu. Ihre Gedanken kreisten unentwegt um das neue Pferd, die geheimnisvolle Stute, von der sie so gut wie nichts wusste. War sie ein Schimmel wie Amurath Sahib und seine Töchter, die alle berühmte Zuchtstuten waren? Ob sie auf dem Gestüt bleiben würde? Jelena wusste, dass Dr. Stachura sehr hohe Anforderungen an seine Zuchtstuten und -hengste stellte. Obwohl er die Tiere liebte, bewertete er sie doch sehr streng und nahm nur Pferde der absoluten Spitzenklasse in sein Zuchtprogramm auf.

„Da hinten!“, schrie Renata auf einmal und sprang auf. „Da kommt ein Auto!“

Nun sah Jelena es auch: ein alter Zuk zog einen noch älteren Pferdehänger, dessen vordere Plane nicht gut festgezurrt war und im Wind flatterte.

„Das muss sie sein!“, rief Jelena. Sie nahm ihre Schwestern an der Hand, und gemeinsam rannten sie in den Hof, um ihrem Vater Bescheid zu sagen.

Nun schlug auch Burek, der Hofhund, an und sprang dem Auto wild bellend entgegen.

„Ein neues Pferd, ein neues Pferd!“, sang Renata und hüpfte wie ein kleiner Gummiball auf und ab.

Dr. Stachura kam eilig aus dem Haupthaus gelaufen. Die karierte Baskenmütze, die er immer trug, saß ein wenig schief, er hatte sie wohl in aller Eile aufgesetzt.

Nun rumpelte der Wagen samt Hänger in den Hof und kam langsam zum Stehen.

Jelena hörte Hufe poltern und ein schrilles, ängstliches Wiehern aus dem Inneren des Hängers.

Ein junger Mann in schwarzen Lederschuhen und Bügelfaltenhosen stieg aus und begrüßte erst den Direktor, dann Jelenas Vater.

Das Rumpeln im Hänger wurde lauter, ein Hufschlag ließ die wackelige Seitenwand erzittern.

Jelena ging schnell auf den Hänger zu und kletterte auf das vordere Trittbrett, um hineinzuspähen. Sie sah direkt vor sich die ängstlich aufgerissenen großen Augen einer Schimmelstute. „Ruhig, meine kleine Prinzessin“, sagte sie, „gleich kommst du hier raus!“

Die Stute schnaubte laut und wollte den Kopf in ihre Richtung wenden. Aber sie war so kurz angebunden, dass sie den Kopf kaum heben konnte. Unruhig scharrte sie mit den Vorderhufen.

„Wollen Sie nicht erst mal die Stute ausladen?“, fragte Jelenas Vater den jungen Mann.

Der hob hilflos die Schultern. „Können Sie das nicht machen? Eine Nachbarin hat sie für mich eingeladen, das war schon schwierig genug!“

Jelena ging nach hinten und versuchte die rostigen Hebel der Ladeklappe zu öffnen. Aber erst als ihr Vater mit anpackte, konnten sie die Klappe zu Boden lassen.

„Binde sie los, ich bleibe an der Rampe stehen", wies Jelenas Vater sie an. Geschickt schlüpfte Jelena in den dunklen Hänger und stellte sich neben den Kopf der Stute. „So, jetzt kommst du gleich nach draußen", flüsterte sie und strich dem Schimmel über den schweißnassen Hals. Es dauerte eine Weile, bis es Jelena gelang, den fest zusammengezogenen Knoten zu lösen. Offensichtlich war die Stute von jemandem angebunden worden, der nicht wusste, wie man Knoten macht, die sich mit einem Griff aufziehen lassen.

Die Stute beruhigte sich, sobald Jelena in ihrer Nähe war. Während sie an dem Strick hantierte, schnoberte sie mit den Nüstern über ihre Hände und rieb den verschwitzten Kopf an Jelenas Schulter.

„Gutes Mädchen", murmelte Jelena. „Wir sind so weit!", rief sie schließlich und begann die Stute rückwärts die Rampe hinunterzudirigieren.

Anscheinend hatte das Pferd keinerlei Erfahrung mit Hängern. Es ging zwar einen Schritt nach dem anderen zurück, hielt aber zitternd inne, als ein Hinterhuf über die Seite abzurutschen drohte.

Jelenas Vater kam der Stute zu Hilfe. Er schob ihre Hinterhand herum, bis sie wieder gerade auf der Rampe stand. Jetzt ging es ganz schnell. Die Schimmelstute machte vier Schritte rückwärts und stand dann neben Jelena im Hof. „Gut gemacht, Emila", lobte das Mädchen sie und führte die Stute ein Stück.

Eine Chance für Emila

Dr. Stachura musterte die Stute eingehend. Auch Jelenas Vater ließ seine Augen prüfend über die Schimmelstute gleiten. Jelena kannte ihn gut genug, um an seinem Gesichtsausdruck ablesen zu können, dass er zufrieden war.

Auch Dr. Stachura nickte wohlwollend, nachdem er einmal um Emila herumgegangen war. „Gute Halsung, kurzer Rücken, korrekte Beine und das ausdrucksvolle Gesicht der E-Linie“, fasste er seinen Eindruck in Worte.

„E-Linie?“ Der junge Mann, der die Stute gebracht hatte, sah ihn verständnislos an.

„Alle Stuten, die auf die Stammmutter Estokada zurückzuführen sind, nennt man die E-Linie“, erklärte der Gestütsleiter. Er ging auf Emila zu und wollte ihr über den Hals streichen, aber die Stute wich schnaubend und augenrollend vor ihm zurück.

„Sie ist ein bisschen zickig“, sagte der junge Mann entschuldigend. „Meine Tante sagte, sie sei ein Frauenpferd. Sie fürchtet sich vor Männern. Meine Tante hat sie immer selbst versorgt und extra eine Tierärztin aus Fromborg kommen lassen, anstatt den Tierarzt aus Kadyny, was ja viel näher ist.“

„Dann wollen wir mal sehen, ob Ihr Frauenpferd auch

traben kann“, meinte Dr. Stachura. Er bat Jelena, die Stute anzutraben.

Jelena ging los, hob den Strick ein wenig, schnalzte mit der Zunge und begann zu laufen. Nach kurzem Zögern folgte Emila ihr. Am Anfang waren ihre Tritte noch etwas steif von der langen Fahrt, doch dann begann sie auf einmal so auszugreifen, dass Jelena kaum mehr mithalten konnte. Mit ungeheuer raumgreifenden Tritten schwebte Emila an ihr vorbei. Die Mähne wehte wie ein silberner Schleier über ihren Rücken, der Schweif war hoch erhoben, und sie machte so große Schritte, dass Jelena sie schließlich atemlos zurückhalten musste, weil sie nicht so schnell rennen konnte.

„Die kann aber schön laufen!“, riefen Jelenas kleine Schwestern und klatschten begeistert in die Hände.

„Sehr gut“, lobte auch Dr. Stachura. „Sie hat hervorragende Gänge, das kann man wirklich nicht anders sagen.“

„Sie wollen sie also behalten?“, fragte der junge Mann hoffnungsvoll.

Emila stand ruhig neben Jelena, rieb die Nüstern an ihrer Jacke und hoffte offensichtlich, in ihren Taschen einen Leckerbissen zu finden.

„Na, vor mir hast du auf alle Fälle keine Angst“, lachte Jelena. Hoffentlich würde Dr. Stachura Emila für sein Gestüt kaufen. Obwohl sie die Stute erst seit ein paar Minuten kannte, hatte sie sie schon in ihr Herz geschlossen. Er konnte sie doch nicht einfach wieder wegschicken!

„Sehen Sie, die Stute macht einen guten Eindruck und ist traumhaft schön", erklärte der Gestütsleiter nun. „Wir züchten aber grundsätzlich nur mit Pferden, die auf der Rennbahn Erfolge hatten. Wir haben uns auf Leistungspferde spezialisiert und nehmen keine unerprobten Pferde in die Zucht. Auf diesem Gebiet ist Emila leider ein völlig unbeschriebenes Blatt. Schönheit und korrekter Körperbau alleine reichen für uns nicht", dozierte Dr. Stachura mit ernster Miene. „Ein Pferd muss etwas leisten können, es muss schnell sein, es muss sein Bestens geben wollen. Sicher, Emila hat einen atemberaubenden Trab an der Hand", gab er zu. „Aber die Frage ist doch: Hat sie einen starken Rücken, hat sie genügend Gleichgewicht, um diese Gänge auch unter dem Reiter zu zeigen? Ist sie charakterlich einwandfrei oder etwa ein schwieriges Pferd? Wird sie sich problemlos reiten lassen und bereit sein, alles zu geben, was sie hat?" Dr. Stachura hielt inne, und der junge Mann nutzte die Pause, um etwas einzuwerfen.

„Es sieht doch so aus, als ob dieses Mädchen mit der Stute gut klarkommt. Warum probieren Sie es nicht einfach mit Emila?"

„Das finde ich auch", meinte Jelenas Vater. „Wir sollten ihr eine Chance geben. Wenn sie sich nicht bewährt, finden wir bestimmt auf einem anderen Gestüt einen Käufer, der eher Show- und keine Leistungspferde züchtet. Es gibt ja Züchter, die ihre Pferde gar nicht reiten, sondern nur auf Schauen schicken."

„Ja, die gibt es. Leider viel zu viele", knurrte Dr. Stachura. „Aber wir züchten nun mal keine Pferde, die man nur anschauen kann." Der Gestütsleiter überlegte kurz. „Ich kaufe sie", nickte er dann. „Vorausgesetzt, der Tierarzt erklärt sie für gesund. Auf unserem Hof wird Emila sich an Dr. Jarowski gewöhnen müssen. Jelena, bring sie in den Stutenstall in die Box neben Kazmira, damit sie sich erst mal eingewöhnen kann, ehe wir sie mit den anderen Stuten zusammenlassen."

Jelena atmete erleichtert auf. „Du kannst bei uns bleiben, Emila", flüsterte sie der Stute ins Ohr.

Thereza und Renata kamen angelaufen und wollten das neue Pferd begrüßen.

„Langsam!", mahnte Jelena „Ich weiß nicht, ob sie Kinder gewohnt ist!"

Emila senkte ihren feinen Kopf und schnaubte freundlich, als die Mädchen ihr Gesicht streichelten.

„Die ist aber lieb", staunte Renata, „darf ich mich mal draufsetzen?"

„Nicht jetzt sofort", bremste Jelena ihren Eifer. „Ihr Fell ist schweißverklebt, und außerdem ist sie noch nie geritten worden. Aber ihr könnt mit zu den Ställen kommen und mir helfen, sie zu versorgen."

Während die Männer ins Büro gingen, um den Kaufvertrag zu unterzeichnen, lief Jelena mit ihren Schwestern und Emila zu den Stutenställen.

Der junge Mann, der die Stute gebracht hatte, winkte Jelena zu. „Sie liebt Karotten über alles", rief er. „Meine Tante hat ihr jeden Tag eine große Tüte von dem Zeug gefüttert!"

„Danke!“ Jelena winkte zurück. „Wir füttern den Pferden hier auch Karotten, sie wird also nichts vermissen!“

Die Nachmittagssonne schien noch warm in den Hof, und Jelena entschloss sich, Emila den Schweiß aus dem Fell zu waschen, der bereits antrocknete und die Haare krustig und hart werden ließ. Sie ging in den Stall und holte einen Eimer mit warmem Wasser, einen Schwamm und ein Schweißmesser.

Emila ließ sich gerne waschen. Sie schien es gewöhnt zu sein, sich überall anfassen zu lassen, und schnaubte zufrieden, als Jelena mit dem Schwamm über ihr Fell massierte.

„Sie ist sicher gut behandelt worden“, meinte Renata. „Schau, wie lieb sie ist!“

„Ich frage mich nur, wieso sie vor Männern solche Angst hat“, überlegte Jelena.

„Vielleicht kennt sie nur keine“, sagte Thereza. „Vor Papa wird sie sich bestimmt nicht fürchten.“

„Hoffen wir es.“ Jelena war skeptisch. Mit dem Schweißmesser zog sie das Wasser aus Emilas Fell und rieb sie anschließend mit einem Handtuch trocken.

Gerade als sie die Stute in den Stall bringen wollte, hörte sie vom Tor her Hufgetrappel, und kurz darauf tauchte ihre beste Freundin Nadja auf ihrem hochbeinigen Trakehnerwallach Wosk in der Hofeinfahrt auf. Nadja ritt ohne Sattel und hielt die Zügel nur locker in einer Hand.

Wosk wieherte Emila laut zu, und die Stute erwiderte sein Wiehern.

„Ich hab den Hänger zu euch fahren sehen", rief Nadja, als sie vom Pferd sprang, „jetzt wollte ich nachschauen, was los ist. Habt ihr ein neues Pferd?"

„Ja." Jelena rubbelte mit dem Handtuch über Emilas Kruppe, die noch feucht war. „Eine tolle Stute, findest du nicht?"

„Sie ist wirklich hübsch", meinte Nadja und band ihren Wallach ein Stück entfernt von Emila an der Außenmauer fest. Jelenas Freundin hatte ihre langen braunen Haare zu einem dicken Zopf geflochten und zwirbelte nachdenklich an seinem Ende herum, während sie Emila ansah. „Wieso verkauft denn jemand so ein Pferd?", wollte sie wissen.

Jelena erzählte ihr kurz Emilas Geschichte.

„Sicher vermisst sie ihre frühere Besitzerin", meinte Nadja. „Sie sieht aus, als habe jemand sehr gut für sie gesorgt."

„Das glaube ich auch." Jelena lächelte. „Aber das wird hier nicht anders sein. Bestimmt gewöhnt sie sich bald ein. Ich mag sie jedenfalls jetzt schon sehr gern."

„Kann ich verstehen." Nadja ging auf Emila zu und hielt ihr vorsichtig die Hände zum Beschnuppern hin.

Die Schimmelstute stellte die Ohren auf, schnaubte leise und reckte dem Mädchen den Kopf entgegen. Ihre silberweiße Mähne bauschte sich im Abendwind, der Stirnschopf fiel ihr dicht und lang bis über die Augen. Nadja strich ihr zart über die Nüstern, und Emila ging einen Schritt auf sie zu. „Na, mein Mädchen, hier wird es dir gut gehen, keine Sorge", sagte Nadja leise.

Sie begleitete Jelena, als diese Emila losband und in den Stall führte. Gemeinsam mit Jelenas kleinen Schwestern füllten sie den Wassereimer auf, gaben Emila ein kleines Maß Hafer und schüttelten ihr eine großzügige Portion Heu auf.

„Wenn ihr so weitermacht, wird unsere neue Prinzessin ganz schnell fett!", hörten sie die Stimme von Andrzej, dem jungen Pferdepfleger, auf der Stallgasse.

„Lass mal, sie soll sich eingewöhnen, und Fressen beruhigt", meinte Jelena.

Andrzej ging auf die Box zu, um Emila zu begrüßen, aber sie wich augenrollend und mit einem ängstlichen Schnauben vor ihm zurück.

„Was soll das, ich tue dir doch nichts", meinte Andrzej erstaunt.

Jelena erzählte ihm, dass die Stute Männer anscheinend nicht gewöhnt war.

„Na, an mich wird sie sich gewöhnen müssen", grinste Andrzej. „Liebe geht durch den Magen!"

„Glaub ich nicht! Mit Futter allein wirst du dich bei ihr nicht einschmeicheln können", widersprach Jelena.

„Das werden wir ja sehen." Andrzej holte die Eimer und begann mit der Abendfütterung.

Thereza und Renata spielten mit der Stallkatze im Heu, während Nadja und Jelena noch eine Weile bei Emila in der Box blieben.

„Vielleicht wird der Direktor sie von Emanosk decken lassen", überlegte Jelena laut. „Das gäbe bestimmt ein super Fohlen!"

„Hm, das glaube ich auch. Aber soll sie nicht erst mal geritten werden?“

Jelena nickte. „Ich würde gern beim Einreiten helfen“, meinte sie.

„Das geht bestimmt.“ Nadja strich Emila über den Hals. „Marek hat doch schon alle Hände voll mit euren Jungpferden zu tun, da wird er sich nicht darum reißen, noch ein weiteres Pferd in Ausbildung zu nehmen.“

Marek Jaworowski, der Ausbilder des Gestütes, war ein sehr geduldiger, freundlicher Mann, der sich immer viel Zeit für die jungen Pferde nahm. Jelena mochte ihn und half ihm so oft sie konnte mit den Fohlen und beim Einreiten der Jungpferde. Sicherlich würde er nichts dagegen haben, wenn sie die Hauptarbeit mit Emila übernahm.

„Meinst du, sie ist wirklich noch nie geritten worden?“ Nadja konnte das gar nicht glauben. „Sie ist doch schon sechs Jahre alt.“

„Soweit ich weiß, hat sie nur Modell gestanden.“ Jelena grinste, klopfte Emilas Rücken und ging dann aus der Box. Die Stute hatte zu fressen begonnen und kaute ruhig ihr Heu.

„Wir werden es ja sehen.“ Nadja strich sich ein paar widerspenstige Strähnen aus der Stirn, die sich aus ihrem Zopf gelöst hatten. „Ich muss los, Mama will noch eine halbe Stunde mit mir ins Gelände.“

„Heute kann ich nicht mehr weg“, meinte Jelena. „Ich muss Hausaufgaben machen, und außerdem will ich hier sein, damit Emila sich nicht alleine fühlt.“

„Willst du vielleicht deine Hausaufgaben bei ihr in der Box machen?“, lachte Andrzej, der gerade mit einer Schubkarre voll Mist vorbeikam und Jelenas letzten Satz gehört hatte.

„Aber sicher, was dachtest du denn!“, gab Jelena schlagfertig zurück. Tatsächlich war sie ein paar Minuten später mit ihren Schulbüchern wieder da und machte es sich bei Emila im Stroh gemütlich.

Die Schimmelstute schien ihre Gesellschaft zu mögen. Immer wieder ging sie zu Jelena hinüber und schnoberte mit ihren weichen Nüstern über die Schulbücher.

„Das ist nichts zu fressen, mein Mila-Mädchen“, meinte Jelena und kraulte die Stute ausgiebig hinter den Ohren.

Auf diese Weise brauchte sie für ihre Hausaufgaben zwar länger als sonst, aber das machte nichts. „Am liebsten würde ich ja noch bei dir zu Abend essen, aber da spielt Mama nicht mit“, meinte Jelena bedauernd, als es draußen dunkel zu werden begann. „Aber nachher komme ich noch einmal zum Gute Nacht sagen“, versprach sie der Stute, als sie die Stalltür hinter sich schloss.

Beim Abendessen erzählten ihre kleinen Schwestern pausenlos von Emilas Ankunft, und ihre Mutter hörte lächelnd zu. „Wenn das so weitergeht, haben wir bald drei Pferdemädchen im Haus!“

„Mir soll es recht sein.“ Ihr Vater zwinkerte Jelena zu. „Morgen Nachmittag kommt übrigens Dr. Jarowski, um die Ankaufsuntersuchung zu machen. Ich habe ihn extra gebeten, nachmittags zu kommen, damit du dabei sein kannst. Ich denke, das wird ihm seine Arbeit erleichtern."

Jelena freute sich über dieses Lob ihres Vaters. „Emila ist wirklich lieb, ich glaube, sie wird keine großen Schwierigkeiten machen", sagte sie.

„Wollen wir es hoffen!" Ihr Vater nahm sich noch einmal Suppe und Brot. „Dr. Stachura ist zwar von den Gängen der Stute beeindruckt, aber du kennst ihn ja: Er wird sie nicht behalten, falls sich herausstellt, dass sie nicht gesund ist oder sich nicht reiten lässt."

Auf einmal fühlte sich Jelenas Hals ganz trocken an. Sie kannte Emila zwar erst ein paar Stunden, aber trotzdem war ihr der Gedanke, dass die Stute vielleicht wieder verkauft werden könnte, unerträglich.

Emila war ein ganz besonderes Pferd, das spürte Jelena. Und sie fühlte sich auf unerklärliche Weise mit ihr verbunden. Sie wusste, dass Emila ihr vertraute und ihr bedingungslos folgen würde.

„Nun mach kein solches Gesicht!" Ihrer Mutter war nicht entgangen, dass Jelena sich Sorgen machte. „Der Direktor wird Emila schon behalten, und wenn nicht, kannst du leider auch nichts daran ändern."

„Das ist es ja gerade!", platzte Jelena heraus. „Immer entscheidet der Direktor! Er allein bestimmt, welche Pferde verkauft werden, welche wir behalten und welche Stuten gedeckt werden!"

„Natürlich, Kind, das ist ja auch richtig so. Schließlich ist es sein Gestüt, nicht unseres. Und er versteht sehr viel von Pferden, das weißt du genau. Er hat bei Andrzej Krzysztalowicz gelernt und war bis zu seinem Tod gut mit ihm befreundet."

„Ich weiß!" Jelena seufzte. Sie hatte schon als Kind von dem legendären Gestütsleiter Janov Podlaskis gehört, dem „Papst" der polnischen Vollblutaraberzucht. Vor ein paar Jahren hatte sie ihn einmal kurz gesehen, und ihr Vater hatte viele Geschichten von ihm erzählt. Einen besseren Lehrmeister hatte sicherlich niemand gehabt.

Nach dem Abendessen ging Jelena noch einmal hinüber in den Stutenstall. Sie hatte ein paar Möhren für Emila dabei. Kaum war sie zur Türe herein und hatte den Namen der Stute gerufen, da reckte sie schon ihren feinen Kopf über die halbhohe Boxentüre und wieherte leise.

„Mila-Mädchen, hier hab ich etwas Gutes für dich", flüsterte Jelena und hielt ihrer neuen Freundin die Möhren hin. Emila nahm sie vorsichtig mit ihrem weichen Maul und kaute sie genüsslich.

„Du musst morgen beim Tierarzt brav sein", ermahnte Jelena sie, als sie sich von ihr verabschiedete.

Die Untersuchung

Als Jelena am nächsten Tag aus der Schule kam, zog sie sich sofort um und lief zu den Ställen hinüber.

Nadja hatte versprochen zu kommen und mitzuhelfen, wenn der Tierarzt Emila untersuchte. Aber zuerst wollte Jelena die Stute in die Reitbahn lassen, damit sie herumtoben und sich wälzen konnte.

Emila schnaubte laut, als Jelena in ihre Box kam, und ließ sich willig aufhalftern.

Das Mädchen führte sie nach draußen und nahm ihr in der großen Reitbahn neben dem Haupthaus das Halfter ab. „So, nun lauf!" Mit einem Klaps auf die Kruppe schickte Jelena die Schimmelstute los.

Das ließ Emila sich nicht zweimal sagen. Mit einem riesigen Satz schoss sie davon und raste im gestreckten Galopp quer durch die Bahn, dass der Sand nur so spritzte. Kurz vor dem stabilen Holzzaun an der anderen Seite warf sie sich herum, zog schnorchelnd die Luft ein und schwebte im Stechtrab am Zaun entlang. Ihre Hufe schienen dabei kaum den Boden zu berühren.

Jelena stand hingerissen da. Sie hatte Emila gestern ja nicht selbst laufen sehen, weil sie die Stute geführt hatte. Nun war ihr klar, weshalb sie nicht hatte Schritt halten können! Mit geblähten Nüstern sprang Emila in den Galopp und fegte um die Ecken, dass es Jelena angst und bange wurde.

Aber die Schimmelstute fing das Tempo immer im richtigen Augenblick geschickt wieder ein und stürmte dann mit riesigen Galoppsprüngen aus der Ecke hervor.

Jelena war vollkommen in den Anblick der Stute versunken. Sie bemerkte gar nicht, dass sie nicht mehr die einzige Zuschauerin war.

Dr. Stachura war aus seinem Büro gekommen und sah Emila mit offensichtlicher Bewunderung zu. Als er sich räusperte, drehte Jelena sich überrascht zu ihm um.

„An der ist ein erstklassiges Rennpferd verloren gegangen“, meinte der Direktor. „Meine Güte, ist die schnell!“

Emila raste noch immer quer über den Platz. Ihre Augen funkelten vor Lebenslust und Freude am Laufen, den Schweif trug sie hoch über dem Rücken, und die geblähten Nüstern sogen begierig die Luft ein. Nach ein paar weiteren Runden wurde sie langsamer, kam schließlich zum Stehen und ließ sich laut prustend in den weichen Sand fallen, um sich ausgiebig zu wälzen.

Gerade als Emila wieder auf die Beine kam, fuhr Dr. Jarowski in den Hof.

Jelena wusste, dass der viel beschäftigte Tierarzt nicht gerne wartete, und lief gleich los, um Emila aufzuhalftern.

Aber die Schimmelstute hatte noch nicht genug getobt. Als sie das Mädchen mit dem Halfter kommen sah, warf sie sich herum und trabte mit hocherhobenem Kopf davon. „Komm, Mila-Maus, lass dich brav fangen!“ Jelena schnitt ihr den Weg ab, anstatt hinter ihr herzulaufen.

Doch Emila warf sich auf der Hinterhand herum und galoppierte davon. „Hätte ich dich doch bloß im Stall gelassen!“ Jelena seufzte, aber dann holte sie etwas Hafer aus der Futterkammer. Als sie draußen den Eimer schüttelte, warf Emila den Kopf hoch und sah interessiert herüber. „Komm her, du kriegst auch wirklich eine Hand voll“, lockte Jelena und schüttelte den Hafer noch einmal.

Emila kam langsam auf sie zu und nahm den Hafer aus der ausgestreckten Hand des Mädchens. Vorsichtig ließ Jelena den Strick um ihren Hals gleiten und halfterte die Schimmelstute auf.

„So, da haben wir also euren Neuzugang “, meinte Dr. Jarowski. Er hatte kurze graue Haare, war untersetzt und kräftig und verstand eine Menge von Pferden. Mit dem Stethoskop um den Hals ging er langsam auf Emila zu. Kaum streckte er die Hand nach ihr aus, wich sie auch schon mit aufgerissenen Augen und ängstlichem Schnauben vor ihm zurück. Sie warf den Kopf hoch und riss dabei so heftig an ihrem Führstrick, dass Jelena Mühe hatte sie festzuhalten.

„Am besten untersuche ich sie in ihrer Box“, schlug Dr. Jarowski vor, „da hat sie nicht so viel Platz zum Ausweichen. Sie muss wohl schlechte Erfahrungen mit Männern gemacht haben.“

„Bisher hat sie immer eine Tierärztin untersucht", erklärte Dr. Stachura, „aber sie wird sich bestimmt bald an Sie gewöhnen."

In der Box ging es tatsächlich besser. Jelena stellte Emila mit der Hinterhand in eine Ecke, damit sie nicht nach rückwärts ausweichen konnte. „So, ganz ruhig, keiner tut dir weh", sagte sie leise.

Emila stand mit hochgeworfenem Kopf da und hielt die Luft an, als Dr. Jarowski die Hand nach ihr ausstreckte. Sie zuckte zusammen und legte die Ohren flach an den Kopf, als er sie berührte, aber sie blieb stehen.

Vorsichtig fuhr Dr. Jarowski über ihren Rücken und an ihren Beinen hinunter. Dann richtete er sich auf und schlug vor: „Gib ihr doch etwas Hafer aus einer Schüssel zu fressen, damit sie atmet und sich beruhigt. Wenn sie noch länger die Luft anhält, explodiert sie früher oder später. Außerdem muss ich ja irgendwie ihre Lunge abhören und den Herzschlag zählen können!"

Andrzej holte etwas Hafer, und tatsächlich beruhigte Emila sich beim Fressen. Sie versuchte zwar wegzuspringen, als Dr. Jarowski das Stethoskop auf ihren Brustkorb legte, aber Jelena hielt sie eisern fest.

„So, nun haben wir es gleich geschafft", meinte der Tierarzt. „Jetzt muss ich mir nur noch die Zähne anschauen, und das war's dann."

Emila ließ diese Untersuchung zu Jelenas Verwunderung relativ gelassen über sich ergehen.

„Ihre Stute ist vollkommen gesund", stellte Dr. Jarowski abschließend fest.

Jelena atmete erleichtert auf und strahlte. Das wäre geschafft! Als sie die Schimmelstute wieder nach draußen brachte, rumpelte sie in der Stalltür beinahe mit Nadja zusammen.

„So ein Mist! Nun habe ich alles verpasst! Ich wollte dir doch helfen!", rief die Freundin außer Atem.

„Kein Problem, es ging auch so ganz gut", meinte Jelena.

„Wosk hatte sich natürlich wieder mal im tiefsten Schlamm gewälzt", erklärte Nadja. „Er sah aus wie ein Erdferkel! Ich hab erst mal eine halbe Stunde an ihm herumgeputzt, bis ich das Gröbste herunterhatte. Gott sei Dank ist er kein Schimmel!" Sie deutete auf ihren braunen Wallach, der an der Putzecke angebunden war. „Er hat immer noch Lehmklumpen im Schweif, aber die müssen erst trocknen, ehe man sie herausbürsten kann."

„Ich wollte Emila wieder auf den Sandplatz bringen, aber vielleicht sollten wir ihr zuerst das Gestüt zeigen!", meinte Jelena. „Hast du Lust auf einen Spaziergang?"

Nadja nickte und holte Wosk. Nachdem die Pferde sich kurz mit einem freudigen Schnauben begrüßt hatten, gingen die Mädchen los.

„Schade, dass Emila noch nicht geritten ist", meinte Nadja.

„Das kommt als Nächstes an die Reihe", sagte Jelena. „Der Direktor will nicht mit ihr züchten, ehe sie nicht unter dem Sattel war. Ich hoffe, es reicht ihm, wenn er sieht, dass sie sich brav reiten lässt. Hoffentlich will er sie nicht auf die Rennbahn schicken."

„Auf die Rennbahn?“ Nadja schüttelte den Kopf. „Dort sind doch lauter Männer. Da dreht Emila bestimmt durch!“

„Na ja, ein paar Frauen gibt es auch, aber die meisten Jockeys sind Männer, das stimmt.“

„Ist sie denn nicht auch zu alt? Mit sechs fängt man doch keine Rennkarriere mehr an. Da kommen die meisten Pferde doch schon zurück auf das Gestüt.“

„Du hast Recht!“ Jelenas Gesicht hellte sich auf. „Daran habe ich noch gar nicht gedacht. Dann wird er ihr die Rennbahn bestimmt ersparen. Sie muss sich ja sowieso erst an ihr neues Zuhause gewöhnen, an ihre neuen Menschen. Andrzej mag sie zum Beispiel schon mal nicht“, kicherte sie.

„Dabei behauptet er doch immer, er könne mit allen Pferden umgehen.“

„Klar, er hält sich für einen Pferdeflüsterer!“ Jelena lachte.

Ein herrisches Wiehern unterbrach ihr Gespräch. Emanosk hatte Emila entdeckt und reckte seinen Kopf so weit er konnte aus dem Stall.

Emila erwiderte sein Wiehern und wollte auf ihn zugehen. „Nein, nein, da halten wir mal schön Abstand!“ Jelena nahm den Führstrick kürzer. „Zum Hengst gehen wir nicht, da musst du dich noch ein Weilchen gedulden.“ Nun wieherten auch Etiwk, Naseerez und Nichotka aus ihren Ställen, obwohl sie Emila nicht sehen konnten. Eilig führte Jelena ihr Pferd weiter. „Dort vorne sind die Stutenweiden“, erklärte sie Emila, „da kannst du in ein paar Tagen auch herumlaufen. Die Elblag fließt mitten hindurch, und unter den großen Eichen ist es im Sommer schön kühl und schattig."

Sie gingen einen Feldweg entlang, der zu den Weiden der Junghengste führte. Auch hier wurde Emila gleich entdeckt. Die jungen Hengste kamen in wildem Galopp auf das Tor zugestürmt. Allen voran lief der graue Trypolis, ein wunderschöner Sohn von Emanosk. Er war der schnellste der jungen Hengste und ihr Anführer. Trypolis warf den Kopf auf und wieherte wild, scharrte mit den Vorderhufen in der Erde und stieg hoch auf die Hinterhand.

„Meine Güte, der zieht vielleicht eine Schau ab!" Nadja klopfte Emila den Hals. „Du machst ja bei den Hengsten mächtig Eindruck!"

Der graue Hengst war bis an den Zaun herangekommen und biss wütend einen der anderen Junghengste weg, der sich neben ihn stellen wollte.

Jelena passte einen Augenblick nicht auf, und schon ging Emila auf den jungen Hengst zu. Sekundenlang berührten sich ihre Nüstern, dann quietschte die Stute laut auf und schlug mit dem Vorderbein nach Trypolis. Der sprang erschrocken zurück und starrte die Stute erstaunt an.

„Na, damit hast du wohl nicht gerechnet", lachte Jelena. „Emila ist anscheinend nicht so beeindruckt von dir. Komm, wir gehen lieber weiter", meinte sie, denn die Junghengste liefen laut wiehernd und schnaubend am Zaun auf und ab und wurden immer aufgeregter.

„Da lobe ich mir doch meinen Wallach.“ Nadja klopfte ihrem Braunen den Hals. „Dich bringt das alles nicht aus der Ruhe, mein Guter, was?“

Tatsächlich hatte Wosk den Hengsten zwar interessiert zugeschaut, aber er fand das alles nicht besonders aufregend. In der Gesellschaft anderer Pferde, egal ob Stuten, Wallache oder Hengste, blieb er immer wohlerzogen und freundlich.

Nun führten sie die Pferde an den Heuwiesen vorbei, kamen zum Reitplatz und dem großen Haferfeld dahinter, und dann ging es an den Schweine- und Hühnerställen vorbei wieder auf den Hof zurück.

Dort trafen sie Marek, den Bereiter, der gerade mit einer großen Fuchsstute an der Longe zum Reitplatz ging.

„Na, zeigst du Emila ihr neues Zuhause?“, rief er.

Jelena hielt die Stute an. „Ja, sie muss sich doch noch eingewöhnen!“

„In ein paar Tagen fangen wir mit der Arbeit an!“ Marek schwenkte die Longe auffordernd hin und her. „Ein bisschen longieren, an den Sattel gewöhnen, und dann wollen wir mal sehen, was in ihr steckt!“

Jelenas Frauenpferd

„Reg dich doch nicht so auf!“, versuchte Marek die Schimmelstute zu beruhigen. Aber Emila schien ihn gar nicht zu hören. Sie raste am Ende der Longe mit wild aufgerissenen Augen um ihn herum. Der Sand spritzte unter ihren Hufen, ihr Fell war schweißbedeckt, und ihr Atem ging keuchend.

Eine Woche war seit Emilas Ankunft vergangen, und heute sollte ihre Ausbildung beginnen. Marek hatte gehofft, dass sie sich an der Longe müde laufen würde, aber Emila hatte eine erstaunliche Ausdauer, und allmählich begann sich der Bereiter Sorgen um die Gelenke der Stute zu machen. So ein schneller Galopp auf dem Zirkel belastete die Gelenke und Sehnen eines Pferdes erheblich, und Emila war nicht daran gewöhnt.

„Langsam, meine Kleine, ich tu dir doch nichts! Wenn du so weitermachst, zerrst du dir am Ende noch was! Scheeritt!“ Längst hatte Marek die Longierpeitsche auf den Boden gelegt, um Emila damit keine Angst einzujagen. Aber Emila galoppierte unbeirrt weiter. Schaumflocken flogen von ihrer Brust, die geblähten Nüstern ließen das rosa Innere erkennen, in ihren Augen blitzte das Weiße.

Jelena stand am Zaun der Reitbahn und sah Marek zu.

Sie biss sich vor Aufregung auf die Lippen und hatte die Hände ineinander verschlungen. Wieso reagierte Emila so panisch, sobald sie von Marek in die Bahn geführt wurde? Jelena hatte die Stute gestern auf den Reitplatz gebracht und sogar ein paar Minuten an die Longe genommen, dabei war Emila ganz ruhig geblieben.

Marek winkte Jelena zu. „Komm mal her!", rief er. „Bei dir beruhigt sie sich vielleicht!"

Sorgfältig passte Jelena den richtigen Moment ab, als Emila gerade an ihr vorbei war. Sie musste sich beeilen, denn bei dem halsbrecherischen Tempo war es nicht leicht, rechtzeitig an Emila vorbeizukommen.

Marek drückte ihr die Longe in die Hand und entfernte sich aus dem Zirkel.

Zuerst schien Emila gar nicht wahrzunehmen, dass Jelena bei ihr war. Erst als sie anfing, ruhig mit ihr zu sprechen, drehte sie ein Ohr Richtung Zirkelmittelpunkt. „Komm, Mila-Mädchen, du musst doch müde sein!" Jelena verkürzte die Longe ein wenig, in der Hoffnung, Emila würde den Kopf zu ihr wenden. „Gestern hast du dich doch auch nicht so aufgeregt! Ganz ruhig, langsam, schön ruhig." Jelena redete weiter und hielt den Blick auf die Schimmelstute gerichtet. Wurde sie ein wenig langsamer? Jelena verkürzte die Longe noch einmal, und nun sah Emila tatsächlich kurz zu ihr her. Ihre Galoppsprünge wurden langsamer, schließlich fiel sie in einen schnellen Trab.

„Gut so, und nun Scheeerrritt!" Jelena atmete auf.

Emila wurde noch langsamer und blieb endlich

schwer atmend vor ihr stehen. Ihre schweißnassen Flanken bebten, ihr Atem ging stoßweise.

Jelena ging auf sie zu und strich ihr über den nassen Hals. „Was machst du denn für Sachen, Mila?“ Vorsichtig tastete sie die Beine der Stute ab, aber die Sehnen und Gelenke schienen in Ordnung zu sein.

„Lass sie nicht herumstehen“, mahnte Marek. „Sie ist total erhitzt und muss sich langsam abkühlen. Geh mit ihr im Schritt herum, bis ihre Atmung normal ist!“ Er betrachtete die Stute besorgt. „Laufen kann sie, daran gibt es keinen Zweifel, aber sie ist hysterisch“, war sein Urteil. „Sie muss sich beruhigen, sonst wird nie ein Reitpferd aus ihr. Ein Rennpferd braucht seine Kraft für das Rennen und sollte nicht so nervös sein, dass es sich schon vor dem Start mit solchen Mätzchen verausgabt.“

„Aber sie hat doch einfach nur Angst“, verteidigte Jelena die Stute. „Sie ist nicht hysterisch oder unberechenbar! Kann ich sie nicht reiten?“, schlug sie vor. „Bei mir ist sie bestimmt ruhiger!“

„Hm, sie beruhigt sich tatsächlich, wenn du in ihrer Nähe bist“, gab Marek zu. „Wenn dein Vater es erlaubt – mir soll es recht sein.“

„Papa hat sicher nichts dagegen“, sagte Jelena zuversichtlich. Sie strich Emila über den Hals. „Wir beide werden schon miteinander klarkommen!“

Die Stute beruhigte sich zusehends. Ihr Atem wurde regelmäßig, ihr verschwitztes Fell trocknete, und sie ging in gelassenem Schritt neben Jelena her.

„Morgen kannst du sie ja noch einmal longieren“,

schlug Marek vor. „Sie sollte die Stimmkommandos kennen, ehe wir ihr einen Sattel auflegen."

Jelena nickte. „Ich denke, das lernt sie schnell."

„Also, dann bis morgen!" Marek verließ die Reitbahn, um sich um die Jungpferde zu kümmern.

Zwanzig Minuten später brachte Jelena die Schimmelstute zum Putzplatz zurück. Sie wusch ihr den Schweiß mit lauwarmem Wasser aus dem Fell und glättete die zerzauste Mähne. Danach lief sie in die Sattelkammer und kam mit einer weichen Satteldecke wieder. „Komm, wir üben schon mal, wenn wir alleine sind und niemand zuschaut", flüsterte sie. Schnell warf sie einen Blick zu den Ställen hinüber, um sich zu vergewissern, dass Andrzej nicht in der Nähe war.

Emila sah die Satteldecke mit geblähten Nüstern an. Aber sie scheute nicht und fraß sogar eine Hand voll Hafer, die Jelena auf die Decke gestreut hatte. Vorsichtig strich Jelena mit einem Zipfel der Decke über den Hals der Schimmelstute. Emila ließ es sich ruhig gefallen.

„Siehst du, das ist nicht viel anders als das Handtuch vorhin", sagte Jelena leise. „Du wirst sehen, wir werden noch viel Spaß miteinander haben. Reiten ist nämlich was Tolles!" In ihrer Fantasie sah sie sich bereits auf Emilas Rücken im Galopp dahinfliegen.

Wie nebenbei schob sie die Satteldecke vorsichtig auf Emilas Rücken. Nun klopfte sie ein wenig darauf herum, schob sie hin und her und gab mit den Händen Gewicht darauf.

Im ersten Moment verspannte Emila sich. Sie drückte

den Rücken weg, hielt die Luft an und warf den Kopf hoch. Aber als sie merkte, dass nichts weiter geschah, beruhigte sie sich, senkte den Hals und drehte schließlich den Kopf nach hinten, um zu sehen, was Jelena dort machte. „Siehst du, es ist nur eine Decke", erklärte Jelena ihr. „In ein paar Tagen kommt noch der Sattel dazu, aber davor brauchst du auch keine Angst zu haben."

Emila schnaubte und rieb ihre Nüstern an Jelenas Ärmel. Das Mädchen nahm die Decke ab und legte sie ihr gleich wieder auf. Jetzt reagierte Emila schon ganz gelassen, sie begann sogar ein Hinterbein zu schonen.

„Wenn du so weitermachst, schläft sie dir ein, wenn du einen Sattel drauflegst", hörte Jelena plötzlich die Stimme ihrer Freundin hinter sich. Sie fuhr herum und sah, dass Nadja unbemerkt um die Ecke des Stallgebäudes gekommen war.

„Meine Güte, hast du mich erschreckt!" Jelena lachte. Dann erzählte sie der Freundin von Mareks Schwierigkeiten, Emila zu longieren.

„Wenn sie doch nur reden könnte!" Nadja strich Emila über die seidige Mähne. „Was hat sie nur mit Männern erlebt?"

„Keine Ahnung, aber sie muss ziemlich schlechte Erfahrungen mit ihnen gemacht haben. Ich hätte ja gerne ihre frühere Besitzerin gefragt, wo sie Emila gekauft hat." Jelena seufzte. „Aber das werden wir wahrscheinlich niemals erfahren." Sie band die Stute los und brachte sie in ihre Box zurück.

„Kommst du noch mit zu uns?", wollte Nadja wissen.

„Mama hat gesagt, du darfst ihren Gadir nehmen und mit mir ausreiten!"

Natürlich hatte Jelena Lust dazu. Sie holte ihr Fahrrad, und ein paar Minuten später waren sie bei Nadjas Haus angekommen. Hinter dem roten Backsteingebäude befanden sich die Stallungen. Früher hatten hier sicher mehr Pferde gestanden, aber Nadjas Vater hatte bisher nur zwei Boxen und einen großen Auslauf für Gadir und Wosk hergerichtet.

Gadir war ein wunderschöner brauner Wallach, der gleich mit gespitzten Ohren zum Zaun kam, als er die Mädchen sah. Er kannte Jelena gut und ließ sich gerne von ihr kraulen.

Nadja holte die Halfter, und kurz darauf hatten sie die beiden Pferde geputzt und gesattelt und ritten gemeinsam vom Hof.

„Es gibt nichts Schöneres als einen Ausritt im Frühling", meinte Nadja und atmete tief die frische Luft ein.

Wosk ging in flottem Schritt über die Straße und sah sich am langen Zügel interessiert um. Überall blühten die Wiesen und Bäume, die Weiden leuchteten in einem satten Grün, und die Apfelbäume glichen einem weißen Blütenmeer.

„Wollen wir zu den Seen hinüberreiten?", fragte Nadja. Es gab eine wunderschöne Reitstrecke in Richtung des Zalew Wislang, des frischen Haffs. Dieser schmale Landstreifen trennte sie von der Ostsee. Man konnte dort endlos auf weichen Sandwegen reiten, und die Mädchen hatten schon oft davon geträumt, einfach immer weiterzureiten, bis in die Kasubische Schweiz hinein, aber dazu hätten sie ein paar Tage gebraucht.

„Klar!" Jelena liebte die Feldwege an den Seen entlang, die zum Traben und Galoppieren wie geschaffen waren. Sie wollten gerade nach links abbiegen, als Nadja einen großen Pferdetransporter bemerkte, der ihnen entgegenkam.

„Wo will der denn hin?", wunderte sich Nadja. „Erwartet ihr noch mehr neue Pferde?"

„Nicht, dass ich wüsste." Jelena sah dem großen Wagen entgegen, aus dessen Innerem vielstimmiges Wiehern erklang.

Wosk antwortete sofort, und das Poltern der Hufe verriet die Unruhe der Pferde im Transporter.

Auch Gadir stellte die Ohren auf, schnaubte und begann zu tänzeln. Normalerweise begegneten ihnen keine Pferdetransporter auf den Ausritten. Landmaschinen, Traktoren, Autos, das war er gewohnt, aber ein Lkw, aus dem es wieherte? Der neugierige Araberwallach ging mit hocherhobenem Kopf auf den Transporter zu.

Jelena sah, dass der Fahrer die Scheibe herunterkurbelte und den Wagen vorsichtig abbremste. Ein junger Mann mit einer abgewetzten Schirmmütze winkte den beiden Reiterinnen zu.

„Könnt ihr mir sagen, wie ich nach Frombork komme?", rief er.

Die Mädchen ritten näher heran. „Da haben Sie sich aber gründlich verfahren", meinte Nadja trocken, „Sie müssen zurück bis nach Kadyny und dort an der Ampel in der Mitte des Dorfes nach links abbiegen. Dann immer geradeaus, bis Sie an der nächsten Kreuzung die Wegweiser sehen …"

„Vielen Dank!" Der Fahrer wollte das Fenster wieder schließen, aber Jelena fragte schnell: „Was haben Sie denn für Pferde im Hänger?"

„Ein paar Araber und Angloaraber", gab der Mann bereitwillig Auskunft. „Für Mitglieder der Lotna. Die Gründerin ist vor kurzem hier in diese Gegend gezogen."

„Lotna?" Den Namen hatte Jelena noch nie gehört.

„Das ist der polnische Verband der Distanzreiter", erklärte der junge Mann freundlich. „Ich fahre sie öfters zu ihren Rennen, Maria ist eine super Trainerin. Sie hat letzte Woche ein 80-Kilometer-Rennen gewonnen."

„Ein 80-Kilometer-Rennen?" Jelena sah ihn ungläubig an. „Die Strecken auf der Rennbahn in Warschau sind doch viel kürzer!"

„Das ist auch etwas ganz anderes!" Der Mann lachte. „Ihr könnt Maria ja mal besuchen. Sie freut sich immer über Interesse am Distanzsport!"

Damit kurbelte er das Fenster hoch und legte den Rückwärtsgang ein.

Nachdenklich ritten die Mädchen weiter. „Ich habe schon mal was davon gehört", sagte Nadja und zwirbelte das Ende ihres langen Zopfes zwischen den Fingern. „Allerdings dachte ich immer, dass es so was nur im Westen gibt. Bei uns in Polen habe ich noch nie davon gehört."

„80 Kilometer, das ist doch irre weit!", empörte Jelena

sich. „So lange kann kein Pferd der Welt galoppieren. Das ist Pferdeschinderei!“

„Ich glaube, die machen zwischendurch Pausen!“ Nadja runzelte die Stirn. „Mama hat neulich etwas davon erzählt. Sie kennt diese Frau sogar.“

„Wir müssen sie unbedingt fragen!“ Jelena war ganz aufgeregt. Alles was mit Pferden zusammenhing, interessierte sie brennend, und sie konnte nie genug Neues darüber lernen.

Nadja trabte ihren Wosk an. Ein paar Augenblicke später galoppierten die Mädchen nebeneinander über den Sandweg.

Jelena genoss das Gefühl des Dahinfliegens, den Rausch des immer schnelleren Galopps. Wenn sie nur erst auf Emila so reiten könnte! Sie stellte sich leicht in die Bügel und duckte sich über Gadirs kräftigen Hals. Der Wallach streckte sich immer mehr und verlängerte die Galoppsprünge, bis der Wind Jelena fast die Tränen in die Augen trieb. Neben ihr juchzte Nadja auf Wosk. So jagten die beiden Freundinnen auf ihren Pferden dahin, bis der Weg eine Biegung machte und sie das Tempo zurücknehmen mussten.

Außer Atem ließen sie ihre Pferde wieder Schritt gehen. „Ach, war das schön!“ Nadjas Augen leuchteten. „Mir reicht schon so ein Stück Weg, für mich muss es nicht die Rennbahn in Warschau sein oder gar ein 80-Kilometer-Ritt!“

„Du hast es gut!“ Jelena strich Gadir über den warmen Hals. „Dir nimmt niemand deinen Wosk weg, aber wenn Emila sich nicht gut unter dem Sattel macht, wird Dr. Stachura sie nicht behalten. Dann verkauft er sie einfach, und ich kann nichts dagegen machen. Stell dir das mal vor!“

„Lieber nicht!“ Nadja sah ihre Freundin an. „Aber mal dir nicht gleich das Schlimmste aus. Du hast Emila schon sehr gern, nicht wahr?“

„Ja.“ Jelena nickte. „Es ist ein Gefühl, als ob wir uns schon ewig kennen. Ich weiß, dass wir zusammengehören. Sie ist einfach mein Pferd. Klingt komisch, oder?“

„Gar nicht. So ein Gefühl hatte ich auch, als ich Wosk zum ersten Mal gesehen habe. Die Geschichte kennst du ja. Ich wusste gleich: Den will ich haben, und sonst keinen!“

Jelena hatte die Geschichte von Wosks Kauf schon oft gehört. Nadja hatte den braunen Wallach mit ihrer Mutter bei einem Händler entdeckt. Er war viel zu mager gewesen, mit struppigem Fell und verfilzter Mähne, aber trotzdem hatte Nadja sich sofort für ihn entschieden. Er war beim Probereiten sehr brav gewesen, aber sein Zustand besserte sich erst nach Wochen liebevoller Pflege. Inzwischen sah er prächtig aus. Sein Fell glänzte wie eine reife Kastanie, die Hufe waren ordentlich beschlagen, Mähne und Schweif fielen seidig herab.

Jelena war froh, dass ihre Freundin sie verstand, aber ihr Vater und Dr. Stachura hatten andere Kriterien. Für sie musste die Leistung stimmen, das Gestüt musste Geld erwirtschaften und Pferde hervorbringen, die Rennen und Schauen gewannen und so den Namen des Gestüts bekannt machten. Für irgendwelche Gefühle gab es da nicht viel Platz. Dennoch wusste Jelena, dass sowohl ihr Vater als auch Dr. Stachura Lieblinge hatten, an denen sie sehr hingen. Sie hatte schon oft beobachtet, dass ihr Vater bei seinem abendlichen Rundgang etwas länger bei der großen Fuchsstute Karta stehen blieb, und er zog offensichtlich Emanosk den anderen Hengsten vor, obwohl Etiwk mehr Rennen gewonnen hatte.

„Komm, wir traben noch ein Stück!", riss Nadja sie aus ihren Gedanken. Im flotten Trab ging es um einen zweiten kleinen See herum, unter dicht belaubten Eichen, die angenehmen Schatten spendeten. Gadir musste sich anstrengen, um mit Wosk Schritt zu halten, denn der braune Wallach konnte mächtig ausgreifen.

Schließlich nahm Nadja die Zügel auf, und Wosk wurde ein wenig langsamer. So trabten sie nebeneinander her, bis die Straße wieder in Sicht kam. Die letzte Viertelstunde ritten die Freundinnen im Schritt, um ihre Pferde trocken zum Hof zurückzubringen. Gemeinsam sattelten sie anschließend ab und versorgten die beiden Braunen.

Gadir und Wosk ließen sich mit einem wohligen Seufzer in den weichen Sand auf dem Paddock fallen und wälzten sich.

„Die beiden fühlen sich so richtig wohl", meinte Jelena und lachte, als Wosk aufstand und sich schüttelte wie ein nasser Hund.

Der Platz hinter den Heckenrosen

„Ganz ruhig!“ Jelena sprach mit tiefer Stimme und legte die Satteldecke vorsichtig auf Emilas Rücken. „Das kennst du doch schon, Mila-Mädchen, davor brauchst du keine Angst zu haben!“

Die Schimmelstute wandte ihr den feinen Kopf zu und sah sie neugierig an.

Jelena holte tief Luft. Nun kam der Sattel. Emila musste einfach brav sein, es hing doch so viel davon ab! Vorsichtig hob sie den Sattel vom Anbindebalken, wo sie ihn abgelegt hatte, damit Emila ihn sich anschauen konnte. Die Bügel waren hochgeschoben und der Gurt übergeschlagen, damit Emila sich nicht erschrak. Langsam hob Jelena den Sattel in die Höhe von Emilas Rücken und ließ ihn dann auf die Satteldecke gleiten.

„Siehst du, vielleicht hat sie doch schon mal jemand geritten“, meinte Thereza, die ihrer großen Schwester zusah.

„Jetzt kannst du ihr eine Möhre geben“, sagte Jelena.

„Darf ich als Erste draufsitzen?“, wollte Renata wissen, die auf einem Heuballen hockte und mit den Beinen baumelte.

„Jetzt noch nicht.“ Jelena lächelte. „Erst soll sie sich an den Sattel gewöhnen und damit an der Longe gehen.

Wenn ich sie ein paar Mal geritten habe und sie wirklich brav ist, dürft ihr sie auch reiten!“

„Das dauert aber so lange!“, maulte Renata. „Ich möchte jetzt gleich reiten!“

Jelena sah ihre kleine Schwester an. Genauso war sie in ihrem Alter auch gewesen. Sie war nie schnell genug aufs Pferd gekommen. „Vielleicht könnt ihr nachher noch ein wenig auf Maruschka reiten“, schlug sie vor. Die alte Zuchtstute war so brav, dass die kleinen Mädchen sie in der Bahn sogar nur mit einem Stallhalfter reiten konnten.

Nun angelte Jelena unter Emilas Bauch nach dem Sattelgurt. Sie zog ihn nur ins erste Loch und gurtete dann ganz langsam ein wenig nach. Der Sattel lag noch nicht fest in seiner Position, aber sie wollte Emila nicht durch zu strammes Gurten erschrecken.

Emila schien der Gurt jedoch nicht im Geringsten zu stören. Sie kaute zufrieden ihre Möhren und schien von dem Sattel fast keine Notiz zu nehmen. Schließlich band Jelena sie los und führte sie in die Bahn.

Auch im Schritt störte Emila der Sattel nicht, aber als Jelena sie antraben ließ, ging sie ein paar Schritte steif und begann dann zu buckeln. Sie nahm den Kopf zwischen die Vorderbeine und schlug aus, sprang mit allen vieren in die Höhe und schoss dann im Galopp davon.

Jelena hatte Mühe die Longe zu halten, aber nach ein paar Runden beruhigte Emila sich und fiel wieder in den Trab zurück. Mit großen, schwingenden Tritten umrundete sie Jelena.

Nach fünf Minuten hielt sie die Stute an und lobte sie ausgiebig. Dann wechselte sie die Hand, und nun hatte Emila sich schon an den Sattel gewöhnt. Sie trabte und galoppierte sogar, ohne hektisch zu werden.

„Das macht sie sehr schön!“, erklang plötzlich Dr. Stachuras Stimme vom Zaun her.

Jelena hatte sich nur auf ihre Stute konzentriert und ihn gar nicht bemerkt. „Ja, sie lernt wirklich schnell!“, bestätigte sie und strahlte den Gestütsleiter an. „Sicher macht sie auch beim Reiten keine Probleme!“, fügte sie rasch hinzu.

„Das will ich hoffen!“ Dr. Stachura sah die Stute an. „Ich würde sie wirklich gerne in die Zucht nehmen, aber zuerst muss sie uns zeigen, was in ihr steckt.“

Jelena seufzte leise und ließ Emila in die Mitte des Zirkels kommen. Herr Stachura kam in die Bahn und ging direkt auf sie zu.

Emila legte die Ohren an, aber sie blieb stehen, als er die Hand nach ihr ausstreckte. „So ist es brav, du brauchst vor mir keine Angst zu haben!“ Emila ließ zu, dass er ihr über den Rücken fuhr, obwohl sie dabei nicht sehr glücklich aussah. Sie verspannte sich am ganzen Körper und machte den Eindruck, als erwarte sie jeden Augenblick etwas Schreckliches. In ihren weit aufgerissenen Augen blitzte das Weiße, sie schlug unruhig mit dem Schweif.

„In ein paar Tagen kann Marek dir helfen, wenn du das erste Mal aufsitzt“, meinte Herr Stachura, bevor er aus der Bahn stapfte.

Jelena schluckte. Ob das gut gehen würde? Emila war so viel ruhiger, wenn sie mit ihr alleine war. Schon die Anwesenheit von Marek würde sie aufregen.

Während sie Emila zum Stall zurückführte, kam ihr eine Idee. Wie wäre es, wenn sie ihre kleinen Schwestern in den Sattel setzen würde? Oder war das zu riskant? Die beiden waren keine erfahrenen Reiterinnen, aber sie hatten ein gutes Gleichgewicht und keine Angst. Wenn sie Emila dabei festhielt, konnte eigentlich nicht viel passieren. Solange sie sie sehen und beruhigen konnte, würde Emila bestimmt brav sein.

„Ihr wolltet doch heute noch ein wenig reiten", hakte sie bei ihren Schwestern nach, die neben ihr herliefen.

„Ja, und du hast es uns versprochen!" Thereza sah sie bittend an.

„Würdest du dich auch auf Emila trauen? Ich halte sie natürlich fest."

„Klar!" Thereza zögerte keine Sekunde. „Sie ist bestimmt ganz lieb!"

Als sie am Stall angekommen waren, nahm Jelena der Stute den Sattel ab. Die Mädchen sollten nicht richtig reiten, sondern nur einmal draufsitzen. Dazu brauchten sie keinen Sattel, entschied Jelena.

Sie brachte Emila in einen kleinen, fest eingezäunten Auslauf hinter dem Stall. Der Platz war auf drei Seiten von Heckenrosen umgeben und dadurch ruhig und geschützt. In einer Ecke stand ein Futtertrog aus Stein, der eine ideale Aufstiegsmöglichkeit bot.

Thereza und Renata kraulten Emila liebevoll am Hals.

Jelena erklärte ihnen kurz, was sie vorhatte: „Thereza, zuerst kletterst du auf den Trog, damit du ihren Rücken erreichen kannst."

Sie führte Emila seitlich an den Trog heran und gab ihr eine Möhre. „Nun beug dich vor und streich ihr von oben über Rücken und Hals!"

Thereza befolgte Jelenas Anweisungen genau. Ihre kleinen Hände strichen eifrig über den weißen Rücken und klopften den Hals der Stute.

Im ersten Moment hob Emila alarmiert den Kopf, aber dann entspannte sie sich wieder.

Jelena ermutigte sie dazu, den Kopf zur Seite zu drehen, und Thereza gab ihr zur Belohnung eine Möhre. „Siehst du, das bin doch nur ich!", kicherte sie. Dann legte sie erst einen und dann beide Arme über Emilas Rücken.

Emila wich ein paar Schritte zur Seite, aber Jelena dirigierte sie ruhig wieder an den Trog zurück.

„Das Gleiche noch einmal", schlug sie vor.

Als Thereza sich diesmal über den Rücken beugte, blieb Emila stehen. Ganz langsam legte Thereza sich nun mit ihrem Oberkörper über Emilas Rücken.

„Mach das noch ein paar Mal", wies Jelena sie an, „und dann greifst du fest in die Mähne und lässt ein Bein über ihren Rücken gleiten. Aber einfach nur draufsitzen, nicht mit den Fersen festhalten oder treiben, ja?"

Thereza nickte ihrer großen Schwester zu. Ihre Augen leuchteten. Sie war stolz, dass sie als Erste auf Emila sitzen durfte. Nachdem sie sich noch ein paar Mal über den Rücken der Stute gelegt hatte, griff sie in die Mähne, zog sich ein Stückchen nach vorne und ließ das linke Bein geschmeidig wie eine Katze über Emilas Rücken gleiten. Einen Augenblick lag sie noch über die Mähne gebeugt, dann richtete sie sich vorsichtig auf.

Emila schnaubte und ging einen Schritt vor, aber sie wurde nicht wirklich nervös. „Gutes, gutes Mila-Mädchen!" Jelena lobte sie ausgiebig und gab ihr eine weitere Möhre. Es klappte! Emila duldete einen Reiter auf ihrem Rücken! Sie hätte vor Freude am liebsten laut gejubelt, aber sie wollte Emila natürlich nicht erschrecken.

„Können wir nicht ein bisschen im Schritt über den Platz gehen?", wollte Thereza wissen.

Jelena wehrte ab. Sie erklärte ihrer Schwester, dass das Programm für Emila heute schon reichte. „Morgen vielleicht", vertröstete sie Thereza.

„Jetzt bin ich dran!", rief Renata und hüpfte ungeduldig von einem Fuß auf den anderen.

Das Absteigen klappte problemlos. Thereza ließ sich einfach langsam über die linke Seite zu Boden gleiten.

Nun kletterte Renata auf den Futtertrog. Sie war kleiner als ihre Schwester und musste sich auf die Zehenspitzen stellen, um über Emilas Rücken zu reichen und in die Mähne zu fassen. Sie wippte zwei-, dreimal und sprang dann mit so viel Schwung auf Emilas Rücken, dass sie auf der anderen Seite gleich wieder herunterfiel.

Renata schrie erschrocken auf, und Emila machte einen riesigen Satz nach vorne. Der Führstrick wurde Jelena aus den Händen gerissen, die weiße Stute stürmte panisch davon.

„Was ist denn hier los?“, kam es da vom Tor. Andrzej stand dort mit zwei Futtereimern in den Händen. „Hat dein Vater das etwa erlaubt?“, polterte er los. „Was soll dieser Unfug? Die kleinen Mädchen auf dieser verrückten Stute! Kein Wunder, dass sie Renata gleich abgeworfen hat! Hast du dir wehgetan, meine Süße?“

Renata war schon wieder auf den Beinen und schniefte vor sich hin. „Sie hat gar nicht gebuckelt, ich bin nur zu weit gesprungen, einfach über ihren Rücken drüber!“

Jelena erklärte dem Stallhelfer, was sie vorgehabt hatte.

Andrzej nickte, ermahnte sie aber trotzdem. „Du weißt, dass wir uns an die Anweisungen des Direktors halten müssen. Emila ist sein Pferd, nicht deins! Ich werd ihm nichts sagen, aber wenn du so weitermachst, kriegst du Schwierigkeiten, das ist dir hoffentlich klar.“

Jelena erwiderte nichts. Sie hatte es satt, immer die Anweisungen des Direktors befolgen zu müssen! Warum konnte sie mit Emila nicht so arbeiten, wie sie es für richtig hielt?

Sie ging langsam auf die Stute zu, die in einer Ecke stehen geblieben war. Sie sah Jelena mit geblähten Nüstern an und wich im ersten Augenblick einen Schritt zurück. „Keine Angst, meine Kleine, wir haben uns alle erschrocken, nicht wahr.“ Jelena streckte die Hand nach ihr aus, und Emila ließ sich am Halfter fassen. Sie führte sie wieder zu dem Futtertrog zurück.

„Na, traust du dich noch einmal?“, fragte sie Renata.

Das Mädchen nickte entschlossen. „Diesmal nehme ich nicht so viel Schwung“, meinte sie.

Emila war nun deutlich nervöser. Sie trat unruhig hin und her, und es dauerte ein paar Minuten, bis Jelena sie wieder ruhig hinstellen konnte.

Als Renata auf ihren Rücken glitt, ging sie einen Schritt vor, blieb dann aber brav stehen. Renata strahlte über das ganze Gesicht. „Darf ich später mal auf ihr spazieren reiten?“

„Aber klar doch“, antwortete Jelena, obwohl sie wusste, dass Direktor Stachura das wahrscheinlich nicht erlauben würde. Wenn Emila doch nur ihr gehörte! Noch nie hatte sie sich so sehr gewünscht, eines der Gestütspferde zu besitzen.

Ein paar Tage später war es dann so weit: Jelena sollte Emila das erste Mal an der Longe reiten. Sie hatten das Longieren weiter geübt, und es ging inzwischen auch ganz gut, wenn Marek in der Mitte stand.

Nun hielt der Bereiter Emila am Kappzaum, den er zum Longieren angelegt hatte. Das machte sie zwar etwas nervös, aber Jelena beruhigte sie, indem sie ihr gut zuredete. Auch Jelena war aufgeregt. Würde Emila sie auf ihrem Rücken dulden? Würde sie bocken oder losrennen? Sie überprüfte den Sattelgurt, zog vorsichtig die Steigbügel nach unten und setzte einen Fuß in den Bügel. Dann griff sie in die Mähne, wippte ein paar Mal auf und ab und stieß sich ab. Vorsichtig schwang sie ihr rechtes Bein über die Kruppe und ließ sich sanft in den Sattel gleiten.

Emila schnaubte nervös, beruhigte sich aber, als Marek zurücktrat und in die Mitte des Longierzirkels ging.

Jelena beugte sich vor und strich Emila über die Mähne. „Gutes Mädchen", lobte sie, „du wirst sehen, Reiten macht Spaß!"

„Und Schritt!", erklang da schon das Kommando von Marek aus der Mitte.

Jelena legte die Unterschenkel leicht an den Pferdebauch, aber Emila verstand nicht und blieb einfach stehen. Erst nach ein paar Versuchen ging sie los.

Jelena saß ganz still, damit Emila das Gleichgewicht gut halten konnte. Sie versuchte ihr Pferd möglichst wenig zu stören und sprach weiter leise mit ihm.

Die halb nach hinten gerichteten Ohren verrieten ihr, dass Emila sie hörte und auf sie konzentriert war.

Nach ein paar Runden wechselten sie die Hand. Jelena durchfuhr auf einmal ein warmes Glücksgefühl. Sie ritt ihre geliebte Emila! Es war ein wundervolles Gefühl, von ihr getragen zu werden. Obwohl Jelena von Kindesbeinen an geritten war, hatte sie noch nie eine solche Verbundenheit mit einem der anderen Pferde gespürt. Sie fühlte keinerlei Angst, denn sie wusste jetzt, dass Emila ihr vertraute und sie niemals abwerfen würde.

„Gut so", rief Marek, „jetzt versuchen wir mal einen kleinen Trab!"

Emila gehorchte diesmal sofort. Ihr Trab war federnd, weit ausgreifend und ungeheuer weich.

Jelena trabte leicht, wie sie das bei den Jungpferden immer tat.

„Super!“, lobte Marek. „Das ist sehr gut für den Anfang. Mein Gott, was hat dieses Pferd für schwungvolle Gänge!“

Jelena hörte gar nicht richtig hin, so sehr genoss sie den schwebenden Trab. Es war wie Fliegen, Dahingleiten auf einer weißen Wolke, und in diesem Moment gab es für Jelena nichts anderes als sie und ihre Stute. Sie hätte ewig so weitertraben können, allerdings nicht am Ende einer Longierleine in der Reitbahn. Nein, dieser Trab gehörte in die Weite! Diesen Trab wollte sie auf endlosen Wegen reiten, er war dazu geschaffen, viele Kilometer hinter sich zu bringen, unter blauem Himmel, auf weichem Boden, vorwärts und nicht immer nur im Kreis herum.

„Scheeeritt“, kam Mareks Stimme nun aus der Mitte und holte Jelena aus ihren Träumen in die Wirklichkeit zurück.

„Das reicht fürs Erste, morgen machen wir weiter, und dann kannst du sie bald alleine reiten“, stellte der Bereiter zufrieden fest. „Das ging ja besser als erwartet!“

Jelena lächelte, aber sie erzählte nichts von ihren heimlichen Reitanfängen auf dem kleinen Paddock hinter den Heckenrosen.

Sie war glücklich, als sie Emila auf die Weide brachte. Nach diesem guten Anfang konnte eigentlich nichts mehr schief gehen. Dr. Stachura würde sehen, dass Emila ein williges Reitpferd war und sie in die Zucht nehmen. Vielleicht würde er sie im Frühjahr von Emanosk decken lassen. Das würde bestimmt ein wundervolles Fohlen geben. In Gedanken sah Jelena es schon vor sich: Ein edles, langbeiniges Fohlen mit großen Augen, das mit Emila auf der Weide wie der Wind herumgaloppierte.

Emila hatte sich ohne Schwierigkeiten in die Stutenherde eingewöhnt. Sie ließ sich ins Gras fallen und wälzte sich ausgiebig, dann stand sie auf, schüttelte sich und begann zu grasen.

„Ich komme morgen früh vorbei und schaue dir vor der Schule zu“, erklärte Nadja am Abend. Die Freundin war gekommen, um Jelena zu besuchen, und freute sich, von Emilas Fortschritten zu hören. Am nächsten Tag mussten die Mädchen erst um elf Uhr zur Schule. Das war nicht ungewöhnlich, da es in Polen nicht genügend Schulen gab und der Unterricht manchmal verschoben werden musste, weil eine andere Klasse das Zimmer brauchte. „Ich möchte sehen, wie du Emila reitest!“

Auf die Rennbahn

So kam es, dass sich am nächsten Morgen Wosk und Nadja als Gesellschaft am Zaun des Reitplatzes einfanden.

Wie am Vortag nahm Marek Emila zuerst an die Longe. Emila war ruhiger und ging sehr brav. Sie verstand inzwischen schon Jelenas Schenkelhilfen und trat willig aus dem Stand an, ohne auf Mareks Stimmkommando zu warten. Unter dem Kappzaum trug Emila eine Trense, aber die schien ihr nicht zu gefallen. Sie knirschte unwillig mit den Zähnen und schlug mit dem Kopf. Es war schon nicht leicht gewesen, ihr die Trense ins Maul zu schieben und sie anzupassen.

Jelena hatte gehofft, dass Emila sich nach ein paar Minuten daran gewöhnen würde, wie die meisten anderen Pferde auch, aber noch sah es nicht so aus. Als Jelena ganz vorsichtig die Zügel aufnahm, kaute Emila nicht etwa auf dem Gebiss, sondern schlug ärgerlich mit dem Schweif und klappte die Ohren zurück.

Als sie antrabten, wurde es nicht besser, im Gegenteil. Emila zackelte unwillig vor sich hin. Vorbei war es mit dem schwebenden Trab, mit den weit ausgreifenden Tritten, die Jelena so genossen hatte. Sie trieb die Stute vorsichtig an, doch daraufhin sprang Emila in einen holprigen Kreuzgalopp, der Jelena gehörig durchrüttelte.

„Das hat keinen Sinn!“ Marek versuchte Emila anzuhalten, aber sie wollte nicht langsamer werden.

Jelena gab Paraden, die die Stute aber nur mit Kopfschlagen und Zähneknirschen quittierte. Endlich saß Jelena tief ein, und mit Gewicht, Schenkel und Stimme gelang es ihr, die Stute wieder in den Schritt zu bekommen.

„Ich glaube, sie mag das Gebiss einfach nicht!“, rief Nadja vom Zaun her. „Nimm ihr doch die Trense ab, dann sehen wir, ob sie ohne besser geht!“

„Unsinn!“, kam es ärgerlich von Marek. „Sie wird sich an ein Gebiss gewöhnen müssen wie jedes andere Pferd auch. Ich glaube, Emila ist viel zu lange wie etwas Besonderes behandelt worden. Sie ist ein ganz normales Pferd, eines von vielen, nicht die Kronprinzessin!“

Jelena lief vor Zorn rot an, aber sie sagte nichts, weil sie aus Erfahrung wusste, dass es keinen Sinn hatte, sich mit Marek herumzustreiten. Wenn er sich einmal was in den Kopf gesetzt hatte, ließ er nicht mit sich reden.

Als Jelena der Stute eine Viertelstunde später die Trense abnahm, hatte sich Emilas Widerwillen gegen das Gebiss nicht gegeben. Sie spuckte das Mundstück förmlich aus und rieb gleich danach ihr Maul so heftig an Jelenas Arm, als wolle sie jede Erinnerung an die Trense abwischen.

Marek verabschiedete sich zum Glück bald, er musste noch in die Stadt und hatte es eilig.

So blieben die beiden Mädchen allein mit Emila zurück. Kaum war der Bereiter außer Sichtweite, holte Nadja Emilas Halfter und vertauschte es mit dem Kappzaum. „So“, sagte sie zufrieden. „Jetzt reitest du sie noch einmal. Wetten, dass sie nun viel besser geht?“

Jelena sah sich nervös um. Schaute auch wirklich niemand zu? Wenn Marek davon hörte, würde er sicherlich wütend werden und die weitere Ausbildung von Emila womöglich selbst in die Hand nehmen. Doch aus dem Hof ertönte jetzt Motorengeräusch, das sich langsam entfernte.

„Los, worauf wartest du noch!“ Nadja hielt ihr den Steigbügel hin. „Wir müssen erst in einer halben Stunde zur Schule, du hast also noch Zeit!“

Jelena stieg vorsichtig auf und nahm den Führstrick, den Nadja zu Zügeln geknotet hatte, in die Hände.

„Schritt“, sagte sie und legte leicht die Schenkel an.

„Siehst du, das geht doch super!“, freute Nadja sich, als Emila ruhig antrat und dabei den Kopf unten hielt. Vorbei war es auch mit dem Schweifschlagen, sie machte insgesamt einen zufriedenen Eindruck.

Jelena ritt eine Zirkelrunde, hielt sie an und ließ sie erneut antreten. Über ihr Gesicht breitete sich allmählich ein verklärtes Strahlen aus. „Du hast Recht, ohne das Gebiss ist sie ein ganz anderes Pferd!“ An der langen Seite trabte sie Emila an. Nun zeigte die Schimmelstute auch wieder ihre herrlichen Gänge, sie flog geradezu die lange Seite entlang, ließ sich aber vor der Ecke brav wieder in den Schritt zurücknehmen.

„Das sollte Marek sehen!“, meinte Nadja begeistert. „Sie braucht doch gar kein Gebiss, so brav wie sie ist!“

Jelena klopfte Emilas Hals und ritt zu der Freundin an den Zaun heran. „Du kennst ihn doch“, murmelte sie düster. „Er will, dass sie genauso wie alle anderen Pferde geritten wird, davon lässt er sich garantiert nicht abbringen.“

„Auf alle Fälle geht sie super!“ Nadja strich Emila über den Hals. Sie warf einen Blick auf ihre Armbanduhr und fügte hinzu: „Jetzt komm, wir müssen uns beeilen!“

Sie brachten Emila schnell zurück in den Stall und versorgten sie. „Gleich nach der Schule bin ich wieder bei dir“, versprach Jelena und gab Emila noch eine kleine Extraportion Hafer.

In den nächsten Tagen ritt Jelena die Schimmelstute regelmäßig, und allmählich akzeptierte sie auch das Trensengebiss im Maul. So willig und freudig wie mit dem Halfter trabte sie allerdings nicht mehr. An einem Nachmittag sah Jelena auf einmal Herrn Stachura am Zaun des Reitplatzes stehen. Ob er mit Emilas Fortschritten zufrieden war?

Er lächelte ihr freundlich zu, und sie sah, dass er Marek zu sich heranwinkte. „Galoppiere sie doch mal aus der Ecke heraus an“, rief der Bereiter Jelena daraufhin zu.

Galopp! Jelena war noch nie richtig auf Emila galoppiert. Nur das eine Mal versehentlich an der Longe, und das war ein holpriger Kreuzgalopp gewesen. Ob die Stute bereits das nötige Gleichgewicht hatte? Ob sie ihre Hilfen verstehen würde und auf der richtigen Hand angaloppierte? Sie musste unbedingt einen guten Eindruck auf Dr. Stachura machen!

Jelena atmete tief durch und ließ die Zügel etwas länger, um Emila nicht im Maul zu stören. Sie setzte sich tiefer in den Sattel und gab aus dem Trab heraus die Galopphilfen. Nach ein paar schnellen Trabschritten sprang Emila tatsächlich in den Galopp. Aber Jelena merkte schnell, dass es Außengalopp war, und parierte zum Schritt durch.

„Noch einmal aus der Ecke", rief Marek. „Du musst sie deutlich biegen und nach innen stellen!"

Diesmal klappte es. Emila sprang vorbildlich an, ihre Bewegungen waren weich und flüssig. Jelena hätte den Galopp eigentlich sehr genossen, aber sie war wegen der Zuschauer nervös. Vor der kurzen Seite nahm sie die Zügel etwas auf.

Emila wehrte sich gegen das Gebiss, versuchte das Maul aufzusperren und ging gegen den Zügel.

„Lass sie auf der langen Seite etwas ausgreifen!", kam es von Dr. Stachura.

Jelena wurde heiß vor Aufregung. Sie trieb Emila an, und die Stute schoss wie eine Rakete aus der Ecke. Mit gewaltigen Sprüngen setzte sie die lange Seite der Bahn hinunter, die schon bald wieder zu Ende war!

Jelena beruhigte sie mit der Stimme, saß tief ein und versuchte so wenig wie möglich mit dem Zügel zu bremsen. Emila wurde zwar langsamer, aber das Tempo, mit dem sie durch die Ecken fegte, war doch ziemlich hoch.

„Das reicht! Scheeeeritt!“ Dr. Stachura sah zufrieden aus und redete wild gestikulierend auf Marek ein, der zustimmend nickte.

Jelena gelang es, Emila zu beruhigen und zum Schritt durchzuparieren. Sie ritt zu den beiden Männern hinüber und hielt an. „Sind Sie mit ihr zufrieden?“, fragte sie vorsichtig.

„Oh ja, das bin ich!“ Der Direktor sah sie mit einem freundlichen Lächeln an.

„Dann werden Sie Emila in die Zucht nehmen?“, hakte Jelena nach und strich der Stute über das warme Fell.

„In die Zucht? Wo denkst du hin?“ Dr. Stachura hob abwehrend die Hände. „Sie hat doch noch gar nichts geleistet! Jetzt ist sie so weit, dass ich sie nach Warschau auf die Rennbahn schicken kann. Wenn sie sich dort bewährt, werde ich darüber nachdenken, aber doch nicht nur, weil sie sich von dir ein wenig reiten lässt! Wir züchten keine Schaukelpferde, Kind, das solltest du inzwischen wissen. Seinen Platz in unserer Zucht muss ein Pferd sich verdienen!“

Jelena saß wie betäubt im Sattel. Emila sollte auf die Rennbahn? Das durfte doch wohl nicht wahr sein!

„Aber sie ist doch viel zu alt!“, brachte sie tonlos hervor.

„Nicht unbedingt“, widersprach Dr. Stachura. „Sie ist gerade sechs geworden. Es gibt durchaus Rennen für ältere Pferde. Mich interessieren vor allem ihre Rennzeiten und wie sie sich konditionieren lässt. Selbst ein paar

Trainingsläufe sagen schon viel über das Potential eines Pferdes aus. Am Montag wird sie abgeholt."

Jelena fühlte sich ganz taub, Tränen brannten in ihren Augen. Wortlos glitt sie aus dem Sattel und führte Emila zu den Ställen. Mechanisch sattelte sie die Stute ab, kratzte ihr die Hufe aus und brachte sie in ihre Box. Aber plötzlich konnte sie die Tränen nicht länger zurückhalten. Sie vergrub ihr Gesicht in Emilas Mähne und weinte hemmungslos.

Emila stand ruhig da und ging auch nicht weg, als die Boxentüre sich leise öffnete und Jelenas Vater den Kopf hereinsteckte. „Was hast du denn?", fragte er und legte seine Hand auf ihre Schulter.

Schluchzend erzählte sie ihm, was Dr. Stachura gesagt hatte.

„Aber Kind, unsere Pferde waren alle auf der Rennbahn! Wenn Emila erst mal ein paar Rennen gewonnen hat, wird sie sicher eine unserer besten Zuchtstuten!"

„Aber Papa, sie mag keine Männer, und alle Jockeys sind Männer!"

„Fast alle", versuchte ihr Vater sie zu beruhigen. „Sie wird sich schon daran gewöhnen, warte nur ab."

„Und wenn sie sich nicht daran gewöhnt, wird sie verkauft." Jelena wischte sich die Tränen ab. „Kann ich sie dann nicht haben, Papa, sie war doch nicht teuer!"

„Teuer oder nicht, wir können uns kein Pferd leisten! Du hast doch jeden Tag 50 Pferde um dich!"

„Aber keines ist wie Emila! Sie ist für mich etwas ganz Besonderes!"

Ihr Vater seufzte. „Ich kann das sogar verstehen, aber es hilft alles nichts, am Montag wird Emila abgeholt!"

„Das ist ja schon in drei Tagen!" Jelena sah ihren Vater aus verquollenen Augen an. „Ich habe es so satt", schluchzte sie. „Nie kann ich mit den Pferden das machen, was ich gerne möchte. Dr. Stachura sagt dies, Dr. Stachura will das! Alle müssen immer nur nach seiner Pfeife tanzen!"

„Er ist nun mal der Besitzer des Gestütes, Jelena. Ich bin froh, dass ich hier arbeiten kann und nicht irgendwo in einer Fabrik stehe. Dann würdest du Pferde nämlich nur aus der Ferne kennen, das ist dir doch wohl klar."

Jelena nickte; sie wusste, dass Reiten oder gar ein eigenes Pferd für die meisten Menschen in Polen unerschwinglich war. Trotzdem war sie verzweifelt. Emila gehörte nicht auf die Rennbahn, das spürte sie genau. Sie brauchte jemanden, der sie liebte, der sie verstand und der in ihr nicht nur Rennzeiten und Rekorde sah.

Am Montag schlich Jelena sich in aller Frühe in den Stall, um sich von Emila zu verabschieden. Sie saß im Morgengrauen bei ihrer geliebten Stute in der Box, fütterte ihr Möhren und sprach leise mit ihr. Sie erzählte ihr, dass sie bald wieder von der Rennbahn zurück sein würde. „Ich freue mich schon so auf den ersten Ausritt mit dir, auf dein erstes Fohlen. Aber du musst durchhalten", flüsterte sie eindringlich. „Ich weiß, dass du so schnell sein kannst wie der Wind, schneller als die meisten Pferde dort. Lauf, damit du bald wieder zu mir zurückkommst!“

Noch ehe Andrzej mit der Morgenfütterung begann, verließ sie den Stall. Sie wollte nicht, dass er sie bei Emila sah und blöde Fragen stellte.

Ihr Vater hatte Jelena gebeten, beim Verladen zu helfen. Weil sie Emila den Abschied so leicht wie möglich machen wollte, hatte sie eingewilligt.

Zuerst scheute Emila vor dem Hänger und wollte keinen Huf auf die Laderampe setzen, aber als Jelena ruhig mit ihr sprach und bestimmt voranging, folgte sie ihr vertrauensvoll und ging nach kurzem Zögern hinein.

Jelena band Emila fest, während ihr Vater die Rampe hochklappte.

Als der Hänger aus dem Hof rumpelte, hörte Jelena Emilas schrilles Wiehern und das Poltern ihrer Hufe. Wann würde sie wiederkommen? Auch ihre kleinen Schwestern standen traurig neben ihr. „Ich möchte aber nicht, dass Emila weggeht!“, sagte Thereza, und Renata schniefte leise.

„Bestimmt ist sie bald wieder bei uns“, meinte Jelena und versuchte zuversichtlich zu klingen. Verstohlen wischte sie sich eine Träne aus dem Augenwinkel.

„Nun ist aber Schluss mit dieser Trübsalblaserei“, stellte Nadja energisch fest. „Schon die ganze Woche lässt du dich total hängen! Du musst auf andere Gedanken kommen. Wir könnten Maria Pohoski besuchen, Mama hat letzte Woche mit ihr telefoniert.“

Eigentlich hatte Jelena keine große Lust dazu, aber vielleicht hatte Nadja Recht. Es half nichts, sich ständig nur Sorgen um Emila zu machen.

„Also gut.“ Sie versuchte ihrer Stimme einen freudigen Klang zu geben. „Wann reiten wir hin?“

Zwei Tage später waren sie mit Nadjas Mutter zu dritt unterwegs.

Jelena ritt Damaskus, einen fünfjährigen Wallach von Brialka, der manchmal ein wenig nervös war. Er tänzelte am Anfang des Rittes, aber nach einem ausgedehnten Trab durch einen Kiefernwald entspannte er sich und schnaubte zufrieden.

Als sie wieder Schritt ritten, erzählte Nadjas Mutter, dass sie Maria beim Sattler kennen gelernt hatte. „Sie ist wirklich sehr nett“, meinte sie. „Lotna ist der erste polnische Verein der Distanzreiter. Maria reitet jedes Jahr mehrere Ritte über verschiedene Distanzen, der längste geht über 160 Kilometer!“

„So weit? Wie viele Tage reiten die denn da?“, wollte Jelena wissen.

„Einen!“ Nadjas Mutter lachte. „Ich habe genau das Gleiche gefragt.“

„Das ist verrückt, so etwas kann doch kein Pferd lange aushalten“, murmelte Jelena.

„Wir werden Maria gleich danach fragen“, meinte Nadjas Mutter. „Ich glaube, dass sie ihre Pferde sehr gut behandelt!“

Marias Plan

Nach einer halben Stunde erreichten sie einen alten Hof aus roten Ziegeln, der gerade restauriert wurde. Die Stallungen erstrahlten schon in frischem Glanz, neben den Fensterrahmen standen Farbeimer. Eine mittelgroße Frau mit kurzen braunen Haaren winkte ihnen mit einem Pinsel zu und kam dann zu ihnen herüber.

„Hallo, Maria!", begrüßte Nadjas Mutter sie und stellte ihr die beiden Mädchen vor.

„Dein Vater arbeitet doch auf Brialka!", sagte Maria und lächelte Jelena freundlich an. „Ihr habt diesen wundervollen Hengst, wie heißt er noch … Emanosk, nicht wahr?"

Jelena strahlte. „Sie kennen Emanosk? Er ist wirklich ein ganz feiner Kerl!"

Maria nickte lächelnd, dann zeigte sie ihnen, wo sie ihre Pferde auf einem Sandplatz unterbringen konnten.

Auf der gegenüberliegenden Weide kamen fünf Pferde herangestürmt. Alle waren sehr schlank und sahen fast so aus wie die Pferde, die aus Warschau von der Rennbahn zurückkamen. Sehnig und gut durchtrainiert, voller Muskeln und mit klaren, lebhaften Augen.

„Dies hier ist Efekt, ein Angloaraber", stellte Maria einen hochbeinigen Braunen vor, „und das daneben sind

Barbakan und Safamor, zwei Schimmel aus Janov Podlaski, dann Grosz, ein Vollblutaraber aus Michalow, und hier unser neuestes Pferd, Liberal. Mit ihm habe ich gerade erst einen 40-Kilometer-Ritt gewonnen!"

„Aber wie schaffen die Pferde das bloß?" Jelena konnte sich nicht länger zurückhalten. „Ist das nicht viel zu anstrengend?"

„Man muss die Pferde natürlich entsprechend trainieren", erklärte Maria, die nun ganz in ihrem Element war. „Wir messen bei ihnen Puls, Atmung und Temperatur, nehmen die Ruhewerte und dann die Werte während eines Rittes und arbeiten damit, um die Kondition eines Pferdes zu verbessern."

Als sie den fragenden Ausdruck in den Gesichtern der Mädchen sah, fuhr sie fort: „Nehmen wir einmal an, ein Pferd hat in Ruhe einen Puls von 35. Nach 4 Kilometern Trab steigt dieser Wert natürlich an. Wir messen dann die Zeit, die das Pferd braucht, um den Ruhewert wieder zu erreichen. Ein Pferd mit schlechter Kondition braucht dazu viel länger als ein gut trainiertes Pferd."

„Gibt es denn auch Pausen auf so langen Ritten?", wollte Nadja wissen.

„Oh ja, man muss sogar Pausen machen. Währenddessen werden die Pferde von Tierärzten untersucht, die PAT-Werte werden gemessen, und die Pferde dürfen erst weiter, wenn sie wieder die Normalwerte erreicht haben. Ein gut trainiertes Pferd kann also schneller weiter als eines, das nicht so gut in Form ist. Das Gewinnen ist bei dieser Art von Rennen auch gar nicht das Wichtigste. Jeder, der ankommt, hat sozusagen gewonnen. Natürlich gibt es einen ersten Platz, und manchmal wird der auch hart umkämpft! Da kann es Spurts bis zum Finish geben, aber der begehrteste Preis ist nicht der erste Platz, sondern der Preis für die beste Kondition."

Jelena begann zu verstehen. „Man kann diese Art Rennen also nicht auf Kosten seines Pferdes reiten!", meinte sie nachdenklich.

„Genau! Pferde, die nicht fit genug sind oder sogar lahmen, werden aus dem Rennen genommen. Ab und zu gibt es auch im Distanzsport Leute, die nicht genügend auf ihre Pferde achten, aber im Großen und Ganzen ist es ein sehr fairer Sport, der viel über den Leistungswillen eines Pferdes aussagt."

„Das sollten Sie mal Dr. Stachura erzählen." Jelena zögerte einen Augenblick. „Da braucht man auch keinen Jockey, oder?"

„Nein. Natürlich muss der Reiter für so einen Ritt auch gut trainiert sein. Man kann nicht einfach so 160 Kilometer im Sattel hinter sich bringen. Oft laufen wir auf der Strecke neben unseren Pferden her und führen sie steile Böschungen hinauf oder hinunter. Da muss man fit sein, sonst geht einem die Puste aus."

„Das würde mir bestimmt Spaß machen", meinte Nadja und sah sich die Pferde von Maria genauer an. „Kann man jedes Pferd für Distanzritte trainieren?", wollte sie wissen.

„Im Prinzip ja", meinte Maria, „vorausgesetzt, es ist gesund. Es gibt aber Rassen, die sich besonders gut für den Distanzsport eignen. Araber und Angloaraber zum Beispiel, aber auch Vollblüter und Kabardiner."

Jelena dachte an Emilas riesige Trabschritte. Ob sie sich mit Marias Pferden messen könnte? Sie war schnell und bestimmt auch ausdauernd, wenn man sie entsprechend trainierte. Wie es ihr wohl auf der Rennbahn erging? Jelena glaubte immer noch nicht, dass sie sich dort ohne weiteres reiten ließ oder dass sie sich an die engen Startboxen und den ganzen hektischen Betrieb auf der Rennbahn gewöhnen würde.

Sie war mit ihrem Vater schon ein paar Mal auf der Anlage in Warschau gewesen. Obwohl Jelena es dort interessant gefunden hatte, war sie doch jedes Mal froh gewesen, wenn sie wieder nach Hause in die Ruhe des heimatlichen Gestütes gekommen war. Für sie lag eine spürbare Spannung über der Rennbahn, auch wenn es Pfleger und Trainer gab, die sich um einen ruhigen Umgang mit den Pferden bemühten.

„Sicher könntet ihr eure Pferde mit uns trainieren!" Marias Worte rissen sie aus ihren Gedanken und brachten sie in die Wirklichkeit zurück.

Nadja sah sie begeistert an. „Das wäre doch toll!", meinte sie. „Wir haben uns schon oft vorgestellt, wie es wohl wäre, einfach immer weiter zu reiten, und nicht nach ein paar Stunden wieder nach Hause zu müssen! Das ist bestimmt viel schöner als irgendein Springturnier oder eine Dressurprüfung!"

Maria lächelte. „Jedem das Seine", meinte sie. „Und glaub nur nicht, dass ein Distanzpferd keine Dressur braucht. Es soll sich gut tragen und im Gleichgewicht gehen. Alle meine Pferde haben eine solide Grundausbildung, erst dann kommen sie ins Distanztraining. Wenn ein Pferd zum Beispiel immer nur auf der Vorhand latscht, macht es sich im Nu die Vorderbeine kaputt."

Maria lud sie in ihr Haus ein und zeigte ihnen einige Pokale, die sie gewonnen hatte. Die Mädchen stürzten sich auf einen Haufen Pferdemagazine und Zeitschriften, die auf dem Tisch lagen. In einer der Zeitungen entdeckte Jelena ein Bild von einem Pferd, das mit seiner Reiterin einen steilen Felshang hinaufkletterte. „Wahnsinn", meinte sie, „was Pferde alles können müssen. Das ist ja eher was für eine Bergziege!"

Maria warf einen Blick auf das Foto und erklärte: „Das ist der berühmte Cougar Rock! Es ist ein Teil des Tevis, und jeder Reiter ist sehr stolz, wenn er den Cougar Rock bewältigt hat. Inzwischen darf man ihn umreiten, weil es dort etliche Unfälle gegeben hat, aber viele Reiter lassen es sich nicht nehmen und reiten den Cougar immer noch."

„Ein Teil des Tevis?", wiederholte Nadja. „Was ist das denn?"

„Der Tevis Cup ist das schwerste Hundert-Meilen-Rennen der Welt! Er wird jedes Jahr in Nevada in Amerika abgehalten. Das Gelände ist ungeheuer steil, und oft werden die Hälfte der Pferde aus dem Rennen genommen, weil sie die Höhenlage, die extreme Witterung und die schwierigen Bodenverhältnisse nicht vertragen.

Der Tevis ist der Traum aller Distanzreiter, die Krönung sozusagen. Eines Tages werde ich ihn hoffentlich auch mal reiten können, aber es ist sehr teuer, die Pferde nach Amerika zu fliegen!"

„Machen das denn manche?", staunte Jelena.

„Ach, und ob. Jedes Jahr laden einige reiche Scheiche gute Distanzreiter in die Wüste zu Rennen ein und fliegen deren Pferde und ganze Crews dafür um die halbe Welt."

„Wahnsinn!" Jelena hatte von solchen Dingen noch nie gehört. Auf einmal wurde ihr klar, wie wenig sie von der Welt kannte. Für sie war bisher ihr Gestüt der Nabel der Welt gewesen. Was es da noch alles zu entdecken gab!

Den ganzen Heimweg über redeten Nadja, ihre Mutter und Jelena vom Distanzreiten. „Was für ein Glück, dass Maria in unsere Nähe gezogen ist", meinte Nadjas Mutter. „Sie kennt sich wirklich aus und ist noch dazu so nett und aufgeschlossen!"

Als Jelena zu Hause angekommen war, erzählte sie gleich ihrem Vater von dem Besuch bei Maria. Er hörte interessiert zu, aber Jelena sah ihm an, dass ihn etwas bedrückte. Als sie nachfragte, berichtete er, dass er heute mit dem Trainer auf der Rennbahn gesprochen hatte. „Es sieht nicht gut aus", sagte er leise. „Emila lässt sich zwar reiten, aber sie will einfach nicht vorwärts gehen. Im Training ist sie die Langsamste. Sie wehrt sich nach wie vor kopfschlagend gegen das Gebiss und ist so verspannt, dass sie nur einen holprigen Galopp zeigt. Trotz aller Versuche ist sie bisher noch nicht einmal richtig gelaufen."

Jelena sah ihren Vater erschrocken an. „Und was wollen sie nun mit ihr machen?", fragte sie ängstlich.

„Nun ja, wir werden es noch eine Weile mit ihr versuchen, sie ist ja erst eine Woche da. Aber wenn sich ihre Einstellung nicht grundlegend ändert, wird Dr. Stachura bestimmt kein Geld mehr in ihr Training stecken wollen."

„Aber sie kann doch laufen, Papa! Das hast du selbst gesehen! Sie ist schneller als die meisten unserer Pferde!"

„Tja, sie kann laufen, aber sie will nicht! Eines unserer Zuchtkriterien ist die Willigkeit eines Pferdes. Ein stures Pferd, das sich gegen den Reiter wehrt, kann man nun mal nicht gut verkaufen."

„Bei mir würde Emila laufen, Papa, das garantiere ich dir!" Jelena überlegte verzweifelt. „Meinst du, ich kann ihr auf der Rennbahn irgendwie helfen?", überlegte sie laut.

„Nein, das weißt du doch selbst. Warschau ist zu weit weg, außerdem hast du Schule. Und sie lassen dort natürlich nicht jeden zu den Rennpferden ins Training. Das sind alles professionelle Leute, Jelena."

„Die mit Emila nicht umgehen können! Wenn ich sie in den Rennen reiten dürfte, würde sie gewinnen, Papa!"

„Mag sein, aber das nützt uns nichts. Lass uns noch ein wenig abwarten, vielleicht geht sie ja bald besser!"

„Und wenn nicht?“ Jelena wagte die Frage kaum auszusprechen, denn sie kannte die Antwort.

„Dann wird sie verkauft. Ich weiß, dass du die Stute besonders gern magst, aber wir werden kein Pferd behalten, das sich nicht als Rennpferd bewährt hat. Die Rennbahn ist nun mal das Hauptkriterium für unsere Zucht, da macht Dr. Stachura keine Ausnahme. Wer ernsthaft züchtet, muss auswählen, das weißt du.“

Jelena starrte auf den Boden. Sie kannte diese Vorträge auswendig. Wieder einmal beneidete sie Nadja. Sie hatte sich ein Pferd aussuchen können, das sie mochte, und war nicht davon abhängig, was ein Zuchtleiter vorschrieb. Was konnte sie nur tun? Ob Dr. Stachura Emila gleich von der Rennbahn aus verkaufen würde? Dann würde sie ihre geliebte Stute niemals wiedersehen!

„Sie kommt doch erst noch einmal zu uns, oder?“, fragte sie schnell.

„Wahrscheinlich, ich denke nicht, dass er so schnell einen Käufer findet.“

Auf einmal durchfuhr es Jelena wie ein Blitz: Ja, das könnte die Rettung sein! Mit klopfendem Herzen sah sie ihren Vater an. „Papa, meinst du nicht, ich könnte Emila für Distanzrennen trainieren?“, begann sie vorsichtig. „Es würde kaum etwas kosten, und ich könnte sie selbst reiten! Es ist zwar nicht die Rennbahn in Warschau, aber doch immerhin ein Rennen und ein Leistungsvergleich!“

„Ich weiß nicht ...“ Ihr Vater machte ein skeptisches Gesicht. „Das ist doch irgend so ein neumodischer

Sport, der gerade in ist. Bei der Rennbahn wissen wir, woran wir sind, darauf legen Züchter Wert."

„Papa, du musst unbedingt mal mit Maria reden!" Dann berichtete Jelena noch mal ausführlich von ihrem Besuch, von den Zeitschriften, die sie gesehen hatte, von Scheichen, die Reiter zu sich einluden, und von Marias Pokal, den sie bei einem 160-Kilometer-Ritt gewonnen hatte.

Ihr Vater sah sie nachdenklich an. „Ich werde mal mit Dr. Stachura reden", meinte er schließlich. „Vielleicht wäre das tatsächlich ein neuer Markt für unsere Pferde."

Jelena jubelte innerlich auf. Hoffentlich würde es ihrem Vater gelingen, Dr. Stachura für den Distanzsport zu interessieren! Dann durfte sie Emila vielleicht selbst trainieren!

Jelena hatte wenig Hoffnung, dass die Stute sich auf der Rennbahn bewähren würde. Im Gegenteil, sie befürchtete, bald weitere schlechte Nachrichten zu bekommen.

Jelena sollte Recht behalten. Ein paar Tage später kam ein Anruf aus Warschau, sie sollten Emila zurückholen. Der Trainer meinte, es habe keinen Sinn, mit einem derart widerspenstigen Pferd zu arbeiten. Emila widersetze sich jedem Reiter. Sie habe angefangen zu buckeln und einen seiner besten Jockeys abgeworfen, der sich dabei das Schlüsselbein gebrochen hatte. „Wir trainieren Rennpferde, keine unreitbaren Rodeopferde", hatte er abschließend gesagt.

„Unreitbar!“ Jelena schüttelte den Kopf. „Das ist völliger Schwachsinn! Emila hat einfach Angst vor Männern und benimmt sich deshalb so bockig. Bei mir hat sie nie so ein Theater gemacht!“

„Immerhin sind das Fachleute, die nichts anderes tun, als Rennpferde zu trainieren“, wandte ihr Vater ein. „Ich fürchte, Dr. Stachura wird Emila so schnell wie möglich loswerden wollen – das ist dir doch klar, oder?“

„Hast du denn noch nicht mit ihm gesprochen?“ Jelena sah ihren Vater entsetzt an.

„Doch, aber er interessiert sich nicht weiter für deinen Vorschlag“, erwiderte ihr Vater.

Jelena konnte gar nichts sagen. Sie überlegte fieberhaft. Es musste einen Weg geben, Emila zu behalten! Ihr war klar, dass sie die Stute nicht selbst kaufen konnte, das hatte ihr Vater mehrmals ausdrücklich erklärt. Er verdiente zu wenig, um ein eigenes Pferd zu halten, und falls er jemals eines kaufen würde, dann nicht ein Problempferd wie Emila.

In diesem Augenblick klingelte das Telefon. Ihre Mutter ging an den Apparat und rief gleich darauf nach Jelena.

Zu ihrem Erstaunen hörte sie Marias Stimme am anderen Ende der Leitung. Sie lud sie zu einem kleinen Einweihungsfest für den inzwischen fertig renovierten Hof ein.

Jelena bedankte sich, aber dann hielt sie es nicht mehr aus und erzählte Maria von ihren Problemen.

„Ich wollte sowieso mal auf euer Gestüt kommen“,

sagte Maria. „Bei der Gelegenheit werde ich mir mal euren Direktor vorknöpfen. Ich glaube, ich könnte ihn rumkriegen, Jelena. Er wird mir eines Tages noch dankbar sein, dass ich ihm geholfen habe, sein erstes erfolgreiches Distanzpferd zu trainieren!" Sie lachte.

„Welches Pferd denn?", fragte Jelena verständnislos.

„Mensch, Mädchen, du sitzt aber ganz schön auf der Leitung! Deine Emila natürlich!"

Am nächsten Tag kam Maria tatsächlich, um sich mit Dr. Stachura zu treffen.

Jelena sah sie über den Hof gehen und staunte nicht schlecht. Maria hatte ihre Arbeitskleidung mit schicken Reithosen und blank geputzten Stiefeln vertauscht. Sie trug eine helle Bluse, und um ihren blonden Pferdeschwanz war eine schwarze Samtschleife gebunden. Jelena bemerkte, dass die junge Frau dezentes Make-up und einen roten Lippenstift trug, der ihr wirklich gut stand. Sie hielt einige Pokale und einen Stapel Zeitschriften unter dem Arm. Maria winkte Jelena zu und ging dann mit großen Schritten in Dr. Stachuras Büro.

Ob sie den Direktor davon überzeugen konnte, dass Distanzreiten ein ernst zu nehmender Sport war? Und ob er sie dann tatsächlich Emila reiten lassen würde?

Jelena war so nervös, dass sie vor den Ställen auf und ab zu gehen begann. Wenn sie nur hören könnte, was die beiden da drinnen miteinander besprachen! Aber das Fenster zu Dr. Stachuras Büro war geschlossen, also konnte Jelena nur abwarten.

Nach einer halben Stunde ging die Türe auf, und Dr. Stachura sah sich suchend um. Er rief nach Jelena und winkte sie zu sich heran, als er sie vor den Ställen entdeckte.

Mit klopfendem Herzen kam sie angelaufen. Forschend schaute sie in Dr. Stachuras Gesicht.

Der Gestütsleiter sah sie mit einem Lächeln an. Das war schon mal ein gutes Zeichen!

Er bat Jelena in sein Büro, und Maria zwinkerte ihr heimlich zu.

Jelena entspannte sich etwas. Es sah fast so aus, als hätte es geklappt!

„Ich hatte ein interessantes Gespräch mit Maria“, begann Dr. Stachura. Auf dem Tisch ausgebreitet lagen Berichte über Lotna, Pferdezeitschriften mit Artikeln über den Distanzsport allgemein und eine Menge Fotos.

„Sie hat mich davon überzeugt, dass es sich lohnen würde, Emila zu ihr ins Training zu geben.“

Jelena sprang auf und fiel Maria um den Hals. „Oh, vielen, vielen Dank!“, brachte sie heraus, „ich bin ja so froh!“

Dr. Stachura räusperte sich, und Jelena bedankte sich auch bei ihm überglücklich. Dann erklärte der Gestütsleiter, was er und Maria vorhatten: Emila sollte gleich von der Rennbahn zu Maria gebracht werden. „Sie weiß am besten, wie man ein Distanzpferd füttert, hält und trainiert“, erklärte Dr. Stachura, als sei es das Selbstverständlichste von der Welt. Jelena sollte Emila reiten und mit Hilfe von Maria langsam aufbauen. „Niemand soll unserem Gestüt vorwerfen können, wir seien altmodisch", setzte Dr. Stachura mit einem Seitenblick auf Maria hinzu. „Eines muss aber klar sein", sagte er und sah Jelena ernst an. „Falls Emila auch bei dir Schwierigkeiten macht, werde ich sie weggeben. Wir haben eine Menge begabter Nachwuchspferde, die ich bei Maria ins Distanztraining geben kann. Ich erwarte Platzierungen!" Er tippte auf eine Seite, wo der Gewinner eines Rennens strahlend mit einem Pokal abgebildet war. „Solche Bilder in Fachzeitschriften wären eine tolle Werbung für unser Gestüt! Ich habe mir zwar von Maria sagen lassen, dass es beim Distanzreiten nicht nur um den Sieg geht, aber unter den ersten zehn erwarte ich dich regelmäßig! Ich gebe dir ein Jahr Zeit!"

Jelena schluckte, und für einen Augenblick verflog ihre Hochstimmung. Ob Emila nach ihren schlechten Erfahrungen auf der Rennbahn vielleicht doch schwieriger zu reiten geworden war?

„Keine Sorge, Herr Stachura", sagte Maria mit einem gewinnenden Lächeln. „Das kriegen wir schon hin. Zeigen Sie mir jetzt noch Ihr Gestüt? Ich bin sehr gespannt auf Emanosk! Ich habe großen Respekt vor der Amurath Sahib-Linie."

Dr. Stachura lächelte geschmeichelt und stand sofort auf.

Maria wandte sich noch einmal zu Jelena. „Bis morgen also", sagte sie. „Ich rufe dich an und sage dir, wann Emila ankommt!"

Ein neuer Anfang

Schon zwei Tage später war es so weit. Jelenas Mutter fuhr sie mit dem Auto zu Maria, denn auch Thereza und Renata hatten unbedingt mitkommen wollen. Nun rutschten sie aufgeregt auf dem Rücksitz ihres Polonez hin und her.

Jelena war ebenfalls nervös. Würde Emila sich auf der Rennbahn verändert haben? Sicherlich war sie noch misstrauischer und schwieriger geworden. Würde sie Jelena überhaupt wiedererkennen? Oder hatte die Zeit auf der Rennbahn all das Vertrauen zerstört, das sie aufgebaut hatte?

„Nun mach doch nicht so ein Gesicht!" Ihre Mutter lächelte aufmunternd. „Ich dachte, du freust dich auf Emila."

„Tu ich ja auch", sagte Jelena, aber es klang nicht so ganz überzeugend. Sie gab sich einen Ruck und erzählte ihrer Mutter von ihren Bedenken. „Dr. Stachura erwartet, dass wir schnell Erfolg haben", sagte sie bedrückt. „Mindestens unter den ersten zehn sollen wir sein!"

„Na und?" Ihre Mutter bog in den Feldweg zu Marias Hof ein. „Das schaffst du doch spielend. Ich habe Emila laufen sehen, sie ist wirklich ungewöhnlich schnell. So einen Trab haben nicht viele Pferde. Also mach dich nicht verrückt. Jetzt reitest du sie erst mal wieder, und dann wird sich alles andere finden!"

Als sie in den Hof rollten, sahen sie schon den Pferdetransporter dort stehen.

„Sie sind ja schon da!", rief Jelena erstaunt und sprang aus dem Auto, noch bevor ihre Mutter richtig angehalten hatte.

Maria hatte die vordere Klappe geöffnet, und Emila streckte neugierig den Kopf heraus. Als Jelena sie rief, spitzte sie die Ohren, aber sie wieherte nicht.

„Sie ist erst vor ein paar Minuten angekommen", sagte Maria. „Ich wollte mit dem Ausladen auf dich warten."

Jelena holte eine Möhre aus der Hosentasche und hielt sie Emila hin. Aber die Stute zog nur erschrocken den Kopf zurück und legte die Ohren an. „Komm, Kleine, was haben sie mit dir gemacht?" Jelena sprach leise mit Emila, und langsam wich der panische Ausdruck aus den Augen der Schimmelstute.

„Lass uns sie erst mal ausladen", schlug Maria vor.

Jelena half ihr, die schwere Verladeklappe zu öffnen, und kletterte dann in das freie Abteil neben Emila. Sie sah, dass das Pferd zitterte und schweißgebadet war. Vorsichtig löste sie den Anbindestrick. Die Stute zuckte zusammen, als Jelena die Hand ausstreckte, um ihr den Hals zu streicheln. „Ich bin's doch nur, Mila, kennst du mich denn nicht mehr?" Jelena dirigierte Emila rückwärts, und sie ging zügig die Rampe hinunter. Unten warf sie den Kopf hoch und wieherte schrill.

Marias Pferde antworteten von der Koppel, und Emila begann aufgeregt zu tänzeln.

„Wir wollen ihr auch etwas füttern!“, ertönte da Therezas Stimme vom Auto, und Jelenas Schwestern kamen mit ein paar Möhren in den Händen zum Hänger gelaufen.

„Ich weiß nicht ...“ Jelena hatte Bedenken.

Zu ihrer Überraschung stieß Emila ein tiefes, brummelndes Schnauben aus, senkte den Kopf und wollte auf die Mädchen zugehen.

Thereza hielt ihr eine Möhre hin, und die Schimmelstute nahm sie zart aus der Kinderhand.

„Ich auch!“ Renata hatte eine besonders dicke Möhre ausgesucht.

Emila nahm sie und fraß mit geschlossenen Augen, bis der Rübensaft über ihr Kinn tropfte.

„Na, so was.“ Jelena verspürte einen Stich Eifersucht. „Von euch nimmt sie die Möhren, und von mir nicht?“

„Wir haben ihr vor der Rennbahn jeden Tag ganz viele Möhren gegeben“, piepste Renata. „Wir sind in den Stall geschlichen, wenn du in der Schule warst, und haben ihr so viel gefüttert, wie sie wollte!“

„Aha!“ Maria lachte. „Am besten bringen wir eure Freundin jetzt auf die Weide zu den anderen Pferden. Auf der Rennbahn ist sie sicherlich nie rausgekommen!“

Kaum hatte Jelena der Stute das Halfter abgenommen, da stürmte Emila auch schon davon. Mit donnernden Hufen jagte sie über die Weide, dann entdeckte sie die anderen Pferde und lief im Stechtrab auf sie zu.

„Morgen fangen wir mit der Arbeit an“, meinte Maria zufrieden. „Laufen kann dieses Pferd, daran besteht kein Zweifel!“

Es dauerte ein paar Minuten, bis es Jelena gelang, Emila die Trense anzuziehen. Sie hatte das Gebiss ja nie gerne genommen, aber jetzt schien sie es überhaupt nicht mehr zu mögen. Dabei war Jelena extra früh gekommen, um ihre Stute ausgiebig zu striegeln und sich mit ihr zu beschäftigen. Endlich nahm Emila das Gebiss an, und Jelena konnte den Kehlriemen schließen. Dann führte sie die Stute hinüber zum Reitplatz und stieg auf. Nach einigen Schrittrunden versuchte sie Emila anzutraben.

Aber die Schimmelstute schüttelte den Kopf, versuchte die Zunge über das Gebiss zu legen und knirschte so laut mit den Zähnen, dass es sogar Maria in der Mitte der Bahn hörte. Als Jelena sie endlich in den Trab bekam, war er zackelig und schwunglos. Emila hörte einfach nicht auf, sich gegen das Gebiss zu wehren.

„Sie kann die Trense nicht leiden“, sagte Jelena entschuldigend und versuchte Emila mehr anzutreiben.

„Und warum reitest du sie dann damit?“

Jelena parierte mühsam zum Schritt durch und sah Maria fragend an. „Womit soll ich sie denn sonst reiten? Wir reiten alle Pferde mit einer Wassertrense.“

„Warte einen Moment!“ Maria verschwand im Stall und kam gleich darauf mit einem Kopfstück zurück.

„Das ist eine Hackamore“, erklärte sie, „eine gebisslose Zäumung, die meine Pferde sehr mögen.“

Jelena stieg ab und sah zu, wie Maria Emila geschickt abtrenste. Dann zog sie ihr die Hackamore an. Über dem Nasenrücken lag eine feste, dicke Kordel, unter dem Kinn ein Lederriemen. Das Ganze war durch zwei leicht geschwungene Metallbügel mit den Zügeln verbunden.

„Die meisten Distanzreiter bevorzugen gebisslose Zäumungen, wenn das Pferd nicht allzu heftig ist. Damit kann ein Pferd während des Rittes viel besser trinken und fressen. Es spart Zeit und Arbeit, und die Pferde mögen es. Probiere es mal bei Emila!"

Jelena trieb die Stute an, und siehe da: Ihr Pferd ging auf einmal fleißig vorwärts! Vorbei war es mit dem Kopfschlagen und dem ärgerlichen Zähneknirschen! Emila löste sich mit jedem Trabschritt mehr. Sie begann sich zu strecken, ihre Schritte wurden länger und federnder.

„Na also!", rief Maria von der Mitte der Bahn. „Ich hab mir doch gleich gedacht, dass sie sich ohne Gebiss wohler fühlt!"

Jelena war unendlich erleichtert. Endlich hatte sie eine Zäumung gefunden, gegen die Emila sich nicht wehrte! Es war ein herrliches Gefühl, zu spüren, wie Emila sich immer mehr entspannte und richtig Spaß am Gerittenwerden zeigte. Ihre Ohren waren aufmerksam gespitzt, und Jelena brauchte sie kaum mehr zu treiben.

Maria ließ sie auf dem Zirkel traben. Vor allem mit dem Biegen nach rechts hatte Emila noch Schwierigkeiten. Sie neigte dazu, über die Schulter auszufallen, und bog sich zu wenig im Rippenbereich.

„Das muss sie noch lernen“, meinte Maria. „Ein Distanzpferd muss biegsam und beweglich sein. Je besser ein Pferd seine Bewegungen koordinieren kann, desto weniger Kraft braucht es zum Laufen, und desto ausdauernder ist es. Ich bin froh, dass Emila jetzt nicht mehr so verspannt läuft“, fügte sie mit einem Lächeln hinzu, „denn verspannte Pferde sind keine guten Distanzpferde. Sie vergeuden Kraft, die ihnen dann im Finish fehlt.“

Am Ende dieser Reitstunde war Jelena erleichtert. Emila hatte durch die Zeit auf der Rennbahn keine Rückschritte gemacht! Sicher, sie war Fremden gegenüber nach wie vor misstrauisch, aber sie ließ sich reiten, ohne zu buckeln, und Jelena freute sich schon sehr auf die nächsten Wochen.

Nachdem sie Emila abgesattelt hatte, brachte sie die Stute auf die Weide.

„So, nun wollen wir mal einen Trainingsplan für euch beide ausarbeiten“, meinte Maria und lud Jelena in ihre Wohnung ein.

Bald darauf hatten sie es sich in der kleinen Küche gemütlich gemacht. Vor Jelena auf dem Tisch lagen Tabellen und Papiere. Maria erklärte Jelena, dass sie von nun an sechsmal die Woche trainieren würden, dann gab es einen Ruhetag für die Pferde. An drei oder vier Tagen würden sie im Gelände reiten, dann folgten ein bis zwei Tage ruhigere Arbeit und Dressurgrundlagen in der Bahn. Sie erklärte ihr, wie sie die Leistung von Emila langsam steigern wollte. „In gut sechs Wochen sollte sie dann fit sein für ihren ersten Ritt. Natürlich nichts Großes, 40 Kilometer, mehr nicht in diesem Sommer. Ich will nur sehen, wie sie sich auf einem Ritt verhält. Nächstes Frühjahr kann sie dann auch auf längere Ritte gehen."

Jelena hörte gespannt zu. Sie fand 40 Kilometer schon ganz schön weit, aber Maria sprach über eine solche Strecke, als sei es ein Spazierritt. Natürlich, sie hatte gerade erst einen viel längeren Ritt gewonnen! Das alles war für Jelena eine neue, noch fremde Welt. Sie hatte vorher noch nie etwas von Puls- und Atemwerten gehört, wusste nicht, wie man mit einem Stethoskop umging, und starrte fasziniert auf eine Annonce in einer der Zeitschriften, in der Elektrolytemischungen, Vitamine und Kräutermischungen angepriesen wurden. „Braucht man so etwas auch?", fragte sie vorsichtig.

„Na ja." Maria seufzte. „Schön wäre das schon. Equina ist eine der besten Reitsport-Firmen. Sie haben eine Spezialabteilung nur für Distanzreiten. Dort findest du alles, was dein Herz begehrt, von Futtermischungen bis zu speziellen Distanzsätteln und Zaumzeug, aber alles ist sündhaft teuer. Eine amerikanische Firma eben, das können wir uns hier leider nicht leisten." Sie deutete auf ein Bild, das eine lachende Frau zeigte, die eine Tube mit einer Paste neben ihrem Pferd in die Höhe hielt. „Elektrolyte sind super wichtig. Ein Pferd, das nicht arbeitet, braucht ungefähr 20 bis 30 Liter Wasser am Tag, aber ein Distanzpferd auf einem anstrengenden Ritt braucht bis zu 80 Liter Flüssigkeit! Man muss höllisch aufpassen, dass der Wasserhaushalt nicht ins Schwanken gerät, sonst kann ein Pferd schnell krank werden."

Sie redeten noch eine ganz Weile über dies und jenes, und Jelena brummte der Schädel, als sie sich schließlich auf ihr Fahrrad schwang und nach Brialka zurückradelte. Was für eine aufregende neue Welt hatte sie da entdeckt!

„Hier, nehmt schon mal das Stethoskop!" Maria hielt Jelena und Nadja das Gerät hin.

Nadja war mit Wosk gekommen, um Jelena bei ihrem ersten Ausritt mit Emila zu begleiten. Sie betrachtete interessiert Emilas neue gebisslose Zäumung.

„Kannst du sie damit auch bei einem Rennen halten?"

„Klar", sagte Jelena leichthin, obwohl sie insgeheim nicht ganz so überzeugt davon war. „Emila ist kein Durchgänger. Auf der Rennbahn haben sie nur darüber geschimpft, dass sie nicht ordentlich vorwärts ging."

„Und sie hat gebuckelt", fügte Nadja hinzu.

„Bei mir nicht!", erwiderte Jelena etwas unwirsch.

Nun zeigte Maria ihnen, wie sie Puls und Atmung bei ihren Pferden messen sollten. „32 bis 40 Herzschläge pro Minute sind normale Ruhewerte, 26 bis 30 ist optimal, aber das haben nur die wenigsten Pferde. Bei Distanzritten darf man erst weiterreiten, wenn das Pferd einen Puls von 60 erreicht hat."

Als sie zur Probe Emilas Puls maßen, hatte diese tatsächlich einen Ruhewert von 29, was Maria erstaunlich fand. Sie hörte die Schimmelstute noch mal selbst ab, um zu sehen, ob Jelena sich vielleicht verzählt hatte, aber auch sie kam zu dem gleichen Ergebnis. „Super", meinte sie, „das ist echt gut für den Anfang."

Sie sattelten die Pferde und ritten los. Nach einer Schrittphase zum Lösen begannen sie zu traben. Jelena hätte jubeln können. Emila lief eifrig, war aber nicht heftig. Sie griff weit aus und trabte mühelos und schwebend neben Marias Distanzpferd her. Maria gab ihr ein paar Tipps, wie sie Emilas Rücken entlasten konnte, ohne sich selbst beim Leichttraben zu sehr anzustrengen.

„Wahnsinn!", rief Nadja von hinten. „Kannst du sie mit dem Ding auch lenken oder anhalten?"

„Klar!" Jelena lachte. „Du hättest sie mal gestern in der Bahn sehen sollen! Da lief sie einsame Spitze." Sie gab ein paar leichte Paraden, und Emila wurde tatsächlich langsamer, bis sie neben Wosk lief.

Die Freundinnen sahen sich lächelnd an. So hatten sie sich richtiges Reiten vorgestellt! Ihre Pferde liefen gleichmäßig, mit aufmerksam gespitzten Ohren am langen Zügel. Als der Weg in ein paar Serpentinen nach unten führte, parierte Maria ihr Pferd durch und sprang aus dem Sattel. „Hier laufen wir, das schont die Vorderbeine der Pferde!"

Schon joggte sie los, ihr Pferd folgte ihr brav. Offensichtlich hatten die beiden darin Übung.

Bei Nadja und Jelena klappte es nicht ganz so gut. Wosk wurde zu schnell und trat Nadja versehentlich in die Ferse. Mit einem Schmerzensschrei hielt sie an.

„Hast du dir wehgetan?" Besorgt drehte Maria sich

um. Zum Glück hatte der Reitstiefel den Fuß geschützt, und nach ein paar Minuten konnten sie weiterlaufen.

Obwohl Emila vorher so gut gegangen war, musste Jelena sie nun geradezu hinter sich herziehen. Sie hatte noch nicht gelernt, im Trab an der Hand mitzulaufen. Der Weg wurde bald wieder eben, und Maria sprang mit einem geschmeidigen Satz in den Sattel.

„In 20 Minuten machen wir Pause und messen die Puls- und Atemwerte!“ Damit trabte sie an, und die Mädchen mussten sich beeilen, um hinterher zu kommen.

Nadja war nach der Laufstrecke ganz außer Atem, und auch Jelena japste, als sie wieder im Sattel saß. „Das ist gar nicht so ohne“, keuchte sie. „Da müssen wir ja nicht nur die Pferde, sondern auch uns selbst trainieren! Sonst mache ich bei unserem ersten Ritt garantiert schlapp!“

„Wenn jetzt jemand meine Puls- und Atemwerte messen wollte, könnte man mich gleich aus dem Rennen nehmen!“, stimmte Nadja zu.

Während des ruhigen Trabes kamen die Mädchen langsam wieder zu Atem.

Maria dagegen schien das Laufen nichts ausgemacht zu haben. Sie rief den Mädchen über die Schulter zu, dass sie jeden Morgen fünf Kilometer jogge, um fit zu bleiben.

Nadja warf Jelena einen besorgten Blick zu. Mussten sie jetzt auch damit anfangen?

„Das machen die meisten Distanzreiter!“ Maria lachte. „Bei den kleinen Ritten geht's ja noch, aber wenn man 160 Kilometer reiten will, muss man selbst auch gut trainiert sein!“

Nach ein paar Kilometern hielten sie an und maßen die Puls- und Atemwerte ihrer Pferde. Maria ließ sie auch mit einem Thermometer die Temperatur messen. Die Mädchen trugen alle Werte in ihre Tabellen ein. Dann lockerten sie die Sattelgurte, ließen die Pferde aus einem Bach trinken und ein wenig grasen. Nach zehn Minuten Pause nahmen sie die Werte noch einmal.

Marias Pferd erholte sich am schnellsten, seine Werte waren schon wieder normal, während die Werte der beiden anderen noch deutlich höher lagen. „Das war auch nicht anders zu erwarten“, meinte Maria. „Aber eure Pferde haben gute Veranlagungen, nun heißt es eben reiten, reiten, reiten. Von nichts kommt nichts!“

Damit stieg sie auf und ritt los. Zunächst mit Rücksicht auf Wosk und Emila im Schritt, aber dann wurde wieder getrabt, und sie fanden sogar eine herrliche Galoppstrecke.

Vor einem relativ steilen Wegstück sprang Maria wieder aus dem Sattel. Sie erklärte den Mädchen, wie sie in den Schweif fassen und hinter ihren Pferden her den Hang hinauflaufen sollten. „Eure Pferde schlagen doch nicht aus, oder? Dann könnt ihr euch ein bisschen ziehen lassen!“, rief sie und sauste schon los. Ihr Wallach war das offensichtlich gewöhnt, denn er kletterte zielstrebig allein den steilen Hang hinauf.

Wosk dagegen zögerte und blieb am Fuß des Hangs stehen. Er sah sich verunsichert nach Nadja um, als wolle er sagen: „Was machst du denn da hinten, du sollst mich doch führen?“ Auch als Nadja ihn antrieb, ging er nicht los, sondern drehte sich um und kam auf sie zu.

„Warte, ich helfe dir!“ Maria hatte ihr Pferd oben an einen Baum gebunden und kletterte den Hang wieder hinunter. Sie führte Wosk an, während Nadja sich an seinem Schweif festhielt. Auf dem Weg nach oben erklärte Maria, dass diese Methode die Pferde sehr schone und man dadurch viel bessere Puls- und Atemwerte bei den tierärztlichen Untersuchungen hatte.

Auch Emila musste sich erst daran gewöhnen, ihre Reiterin hinter sich herzuziehen. Jelena bemühte sich, möglichst leicht für sie zu sein, und war völlig außer Atem, als sie oben ankam.

„Daran gewöhnt ihr euch auch noch“, beteuerte Maria, sprang in den Sattel und trabte sofort weiter.

Als sie wieder auf Marias Hof ankamen, wurden erneut die Atem- und Pulswerte genommen und in die Tabellen eingetragen.

Maria zeigte ihnen, wie sie ihre Pferde nach dem Ritt auskühlen und versorgen sollten.

„Ich bin total fertig“, stellte Nadja fest, als sie sich mit Jelena auf den Heimweg machte. „So anstrengend habe ich mir das nicht vorgestellt!“

„Ich auch nicht“, stimmte Jelena zu. „Aber trotzdem macht es mir total Spaß. Stell dir mal vor, in ein paar Monaten können wir schon an unserem ersten Rennen teilnehmen!“

Das erste Rennen

Die nächsten Wochen vergingen wie im Flug. Als die Sommerferien anfingen, waren Nadja und Jelena fast täglich bei ihren Pferden. Gemeinsam mit Maria und einigen anderen Reitern, die ebenfalls ihre Pferde mit Maria trainierten, gingen sie auf Trainingsritte, die zusehends länger, schneller und schwieriger wurden.

Jelena war mit Feuereifer bei der Sache. Tatsächlich joggte sie inzwischen jeden Morgen eine halbe Stunde, und es fiel ihr nicht mehr schwer, neben ihrem Pferd herzulaufen, Hänge hinauf- und hinunterzuklettern. Auch den Pferden sah man den Erfolg des Trainings an: Emila war schlank und muskulös, ihr Fell glänzte, die Augen leuchteten. Sie war lange nicht mehr so ängstlich und ließ sich inzwischen auch ohne große Schwierigkeiten von Maria und Nadja putzen und satteln. Selbst ihre Angst vor Männern schien sich gelegt zu haben.

„Ich melde uns für die nächste Woche zu einem kleinen Ritt an“, meinte Maria eines Tages im Juli.

„Echt?“ Jelena sah sie gespannt an. „Wie viele Kilometer reiten wir?“, wollte sie wissen.

„40, für den Anfang ist das genug“, meinte Maria. „Da solltet ihr beiden gut abschneiden!“

„Und du?“

„Ich reite auch mit, aber es ist ein Ritt, bei dem man 40 oder 80 Kilometer gehen kann. Ich reite also die erste Hälfte mit euch und dann alleine weiter“, erklärte Maria.

Jelena war aufgeregt. Sicher, sie hatte von Dr. Stachura ein Jahr Zeit bekommen, aber dieser erste Ritt würde zeigen, ob sich ihre Mühe gelohnt hatte und ob Emila zum Distanzpferd taugen würde.

Nadja war längst nicht so nervös. „Hauptsache, wir kommen an und haben Spaß dabei“, war ihre Devise. Sie hatte keinen großen Ehrgeiz und fand das Training auch oft zu anstrengend.

„Du hast gut reden.“ Jelena beneidete ihre Freundin. „Bei dir ist es ja auch egal, wie du dich machst. Wosk gehört dir, und selbst wenn du als Allerletzte ins Ziel kommst, wird sich daran nichts ändern.“

„Kinder!“, beschwichtigte Maria sie. „Es ist doch nur ein kleiner Proberitt, weiter nichts. Ich will nur mal sehen, wie sich Emila und Wosk mit anderen Pferden in einer fremden Umgebung verhalten!“

Maria versicherte ihnen in den nächsten Tagen immer wieder, dass sie nichts zu befürchten hätten. „Ich kenne fast alle Distanzreiter in Polen und auch ihre Pferde. Ihr seid mindestens so gut wie sie!“

Die Woche bis zum Rennen verging wie im Flug. Zwei Tage vorher hatte Maria Pferden und Reitern Ruhe verordnet. „Ein wenig spazieren reiten, weiter nichts. Wir wollen gut ausgeruht an den Start gehen!“

Samstagmorgen um fünf Uhr ging es dann los. Der Ritt sollte um elf Uhr starten, die Fahrt dauerte eine gute Stunde. Als sie mit Marias Hänger am Start- und Zielplatz ankamen, waren etliche der rund 40 Teilnehmer bereits da.

Jelena sah hochbeinige Füchse, einen großen Schimmel und einen Braunen, die schon zur Tierarztkontrolle geführt wurden und dort die Startnummern bekamen.

Ihre Pferde waren beim Ausladen ruhig, selbst Emila regte sich nicht weiter auf.

Auch die Untersuchung durch den Tierarzt bereitete keine großen Schwierigkeiten. Emila legte zwar die Ohren an und verspannte sich, als der Tierarzt Rücken und Beine abtastete und ihre Lunge abhörte, aber sie trabte mit schwungvollen Tritten neben Jelena her, als sie ihr Pferd im Trab vorstellen sollte.

„Die Tierärzte müssen sehen können, wie ein Pferd vor dem Ritt trabt, damit sie gleich erkennen, wenn es klamm geht oder einfach nicht mehr kann!“, erklärte Maria den Mädchen. „Jetzt müssen wir noch zum Wiegen, und dann werden wir etwas essen“, meinte sie, nachdem sie ihre Pferde wieder zum Hänger gebracht und dort angebunden hatten.

„Unmöglich! Ich bringe keinen Bissen herunter!“, wehrte Jelena ab.

„Und ob du was essen wirst!“, sagte Maria entschlossen. „Wenn du es in diesem Sport zu etwa bringen willst, musst du lernen, deine Nerven unter Kontrolle zu halten. Du musst dir angewöhnen, vor dem Ritt etwas zu essen, sonst machst du unterwegs schlapp. Vielleicht nicht bei 40 Kilometern, aber nächstes Frühjahr, wenn wir dann 80 und 160 Kilometer reiten, kannst du nicht einfach streiken. Denk mal an Emila!“

So zwang Jelena sich, ein belegtes Brot zu essen und eine Tasse Tee zu trinken.

Nadja dagegen war bester Laune, plauderte mit den anderen Reitern und mampfte ihr zweites Brötchen.

Jelena fühlte sich erst besser, als sie Emila gesattelt hatte und mit den anderen zum Start ritt. „Wir bleiben zusammen“, mahnte Maria. „Wenn einige superschnell loswollen, gehen wir nicht hinterher. Die reiten zwar erst mal einen Vorsprung heraus, aber im Finish haben sie keine Reserven mehr, da putzen wir sie dann!“

Tatsächlich verging der Ritt unheimlich schnell. Sie hielten sich im mittleren Drittel, und es zeigte sich, dass Jelena ihre Emila auch mit fremden Pferden gut halten konnte.

Der Weg führte durch einen wunderschönen Wald und dann an mehreren kleinen Seen vorbei. Auch das Wetter spielte mit. Es war bedeckt, aber es regnete nicht und war auch nicht zu heiß.

Emila trabte mit riesigen Tritten und schien ganz in ihrem Element zu sein. Am ersten Stopp bestanden ihre Pferde die tierärztliche Kontrolle anstandslos, und sie konnten gleich weiterreiten.

Das Pferd eines Reiters, der am Start sofort losgaloppiert war, wurde aus dem Rennen genommen. Es hatte eine Sehnenzerrung und lahmte stark.

Maria war mit den Mädchen sehr zufrieden. „Ihr macht das prima!", lobte sie.

An einer steilen Schlucht stiegen sie ab, führten die Pferde hinunter und liefen auf der anderen Seite hinter ihnen her wieder hoch. Dabei überholten sie zwei andere Reiter, die ihren Pferden schwer im Rücken hingen.

Der Weg schlängelte sich weiter durch den Wald, er war durch rote Fähnchen gut gekennzeichnet. In der folgenden Stunde überholten sie noch einige andere Reiter, die anfangs zu schnell losgeritten waren.

Emila schien gar nicht müde zu werden, und auch Wosk hielt sehr gut mit. Dennoch bestand Maria darauf, an einem kleinen Bach kurz anzuhalten und die Pferde trinken zu lassen. „Wir wollen nicht mit überhitzten Pferden ins Ziel kommen", mahnte sie.

„Ins Ziel? Sind wir denn schon da?", fragte Jelena erstaunt.

„Aber sicher, ich hab euch doch gesagt, dass 40 Kilometer gar nicht so weit sind", lachte Maria.

Tatsächlich mussten sie nur noch eine halbe Stunde reiten, dann kam hinter einem Wäldchen schon das Ziel in Sicht.

„Ihr seid die Zweiten!", rief ihnen eine Helferin zu.

„Wirklich?" Jelena konnte es kaum glauben. Überglücklich rutschte sie aus dem Sattel und fiel Emila um den Hals. „Du warst einfach super!", flüsterte sie.

Die abschließende tierärztliche Kontrolle verlief ebenfalls problemlos, alle Pferde trabten vor, ohne zu lahmen.

Nach einer kurzen Pause ritt Maria weiter. „Wir treffen uns später, unsere Gruppe kommt wieder hierher zurück!“, rief sie.

Die Mädchen versorgten ihre Pferde gewissenhaft und sahen dann bei den nächsten Tierarztkontrollen zu. Die Zeit, bis Maria und die anderen 80-Kilometer-Reiter zurückkamen, verging schnell.

Gespannt beobachteten die Mädchen, wie ein Reiter auf die Ziellinie zugaloppierte. Als das Pferd näher kam, erkannten sie enttäuscht, dass es nicht etwa Maria war, sondern eine junge Frau auf einem hochbeinigen Braunen.

Etwa dreihundert Meter hinter ihr kam eine Gruppe weiterer Reiter heran, und unter ihnen entdeckte Jelena nun Maria. Sie galoppierte hinter einem grauen Vollblutwallach als Dritte durchs Ziel.

Sie sprang sofort aus dem Sattel und führte Barbakan von der Ziellinie weg.

„Warum bist du nicht schneller geritten?“, fragte Nadja. „Die beiden anderen waren doch gar nicht so weit vor dir.“

„Stimmt, aber ich habe gemerkt, dass Barbakan heute nicht so super in Form ist.“ Sie klopfte dem Wallach den schweißnassen Hals und führte ihn weiter zur Tierarztkontrolle. „Das gibt es ja auch bei uns Menschen, manchmal sind wir einfach nicht topfit. Deshalb wollte ich heute nicht das Letzte aus ihm herausholen. Beim Distanzsport zählt ja jedes Rennen, das man beendet hat, zu den gesamten Kilometern, die ein Pferd geschafft hat. Ein einzelnes Rennen ist daher gar nicht so wichtig. Lieber reite ich etwas langsamer, aber dafür habe ich dann in ein paar Jahren immer noch ein gesundes Pferd. Es bringt überhaupt nichts, es in einer Saison zu verheizen, nur um jedes Rennen zu gewinnen! So etwas würde ich nie tun."

Jelena gefiel diese Einstellung. Sie selbst war sehr zufrieden mit ihrem zweiten Platz, und auch Dr. Stachura fand es einen gelungenen Anfang. „Nicht schlecht, mach nur so weiter", ermutigte er sie, als sie ihm ihre Schleife zeigte.

Im Sommer bestritt Jelena mit ihren Freunden noch zwei weitere Rennen, eines über 40 und im September sogar einen 80-Kilometer-Ritt.

Emila lief in beiden Rennen gut, sie kamen einmal wieder als Zweite und einmal als Sechste durchs Ziel.

Als es kälter wurde, deckte Jelena ihre Stute ein, damit sie keinen allzu dicken Winterpelz bekam. Obwohl es im Winter in Polen keine Distanzritte gab, mussten die Pferde trotzdem fit gehalten werden und durften ihre Kondition in der Winterpause nicht ganz verlieren.

Nadja, Maria und Jelena wurden mit der Zeit ein wirklich gutes Team, obwohl sich herausstellte, dass Nadja im Grunde doch lieber gemütlich ausritt, als wirklich hart für Distanzen zu trainieren. Sie hatte nicht den Ehrgeiz von Jelena, sondern bummelte gerne einfach so durch die Wälder und um die Seen. Es war ihr auch zu umständlich, Wosk einzudecken. „Er kann ruhig einen

Winterpelz bekommen", meinte sie. „Bei schlechtem Wetter reite ich sowieso nicht so gerne aus."

Im Dezember begannen sich alle auf Weihnachten zu freuen. Jelena buk mit ihrer Mutter und den Schwestern Plätzchen, und sie sangen „Kolgdy", polnische Weihnachtslieder. Für die Mädchen gab es in der Vorweihnachtszeit kaum etwas Süßes, sie fasteten, wie es der Brauch war, und hoben alles Gebackene für den Weihnachtsabend auf.

Am Morgen des 24. ging Jelena zu Emila und brachte ihr eine Extraportion Möhren. Die Erwachsenen fasteten am Weihnachtstag bis zum Abendessen, aber für die Pferde galt das natürlich nicht.

Ihr Vater brachte eine schöne Tanne aus dem Wald, die sie gemeinsam schmückten. Thereza und Renata legten wie jedes Jahr ein Bündel Heu unter den Baum. Sie glaubten fest daran, dass das Christkind auf einem Esel geritten kam, um die Geschenke zu bringen. Falls der Esel aber kein Heu unter dem Baum fand, hielt das Christkind auch nicht an, um die Geschenke abzuladen.

Nun wurde der Tisch liebevoll für „Wigilia", das Weihnachtsessen, gedeckt. Auch hier legten sie etwas Heu unter jeden Teller, als Erinnerung daran, dass das Jesuskind in einem Stall das Licht der Welt erblickt hatte. Sorgfältig legte Jelena noch ein extra Gedeck auf. Dieses Symbol der Gastfreundschaft durfte an keinem Weihnachtstisch fehlen. Der freie Platz drückte aus, dass auch ein Fremder am Weihnachtsabend willkommen sein würde.

Anschließend setzte sich die ganze Familie ans Fenster und sah zum Himmel hinauf. Das Festmahl durfte beginnen, wenn der erste Stern am Himmel aufleuchtete. Renata entdeckte „Gwiazdka“, den Weihnachtsstern, als Erste. „Da, der Stern“, rief sie und deutete auf ein winziges glimmendes Pünktchen am dunklen Himmel.

Die Mädchen umarmten ihre Eltern, und alle wünschten sich fröhliche Weihnachten.

Endlich begann das Festmahl, das Jelenas Mutter liebevoll vorbereitet hatte. Als Erstes gab es „Oplatek“, eine große viereckige Weihnachtsoblate, die mit Bildern aus dem Evangelium verziert war.

Der Vater brach sie in fünf Teile, und während sie aßen, las er die Weihnachtsgeschichte vor.

Anschließend gab es Borscht und gefüllte Maultaschen mit Sauerkraut und Pilzen. Traditionsgemäß kamen entweder sieben, neun oder elf Gänge auf den Tisch, aber es gab am Weihnachtsabend niemals Fleisch. Das hob man sich für den nächsten Tag auf, wenn bei Verwandtenbesuchen sehr viel und reichlich gegessen wurde.

Nach dem Essen begann die Bescherung. Jelena bekam von den Eltern eine neue Reithose, die sie sich gewünscht hatte. Ihre Großeltern hatten ein Pferdebuch und einen neuen Hufkratzer für Emila geschickt.

Sie sangen gemeinsam Weihnachtslieder und blieben lange auf. Kurz vor Mitternacht brachte Jelena ihre kleinen Schwestern ins Bett, die Eltern aber zogen sich warm an und gingen wie jedes Jahr zur „Pasterka“, der Christmette. Jelena war zu müde, um jetzt noch durch den Schnee zu laufen. Sie zog ihr Nachthemd an und fiel erschöpft, aber glücklich in ihr Bett.

Jelena konnte das Frühjahr kaum erwarten. Sie trainierte unermüdlich mit Maria, während Nadja in Schneematsch und kaltem Regen keine recht Lust zu anstrengenden Ritten hatte. So war Wosk Anfang März auch noch nicht genügend konditioniert, um auf den ersten 40-Kilometer-Ritt der Saison zu gehen.

Es sollte sich herausstellen, dass auch kaum ein anderer Reiter in den kalten Monaten so gewissenhaft trainiert hatte wie Maria und Jelena.

Maria konnte an dem Ritt leider nicht teilnehmen, weil Barbakan ein paar Tage vorher eine leichte Kolik gehabt hatte. Doch natürlich begleitete sie Jelena zu dem Rennen. Sie riet ihr, Emila vorsichtig aufzuwärmen, dann aber richtig ausgreifen zu lassen. Mit dieser Taktik gewann Jelena den Ritt überlegen. Sie kam eine halbe Stunde vor dem nächsten Reiter im Ziel an!

„Gewonnen!“, jubelte sie, als sie über die Ziellinie ritt, aus dem Sattel sprang und abwechselnd Emila und Maria umarmte.

„Du hast dir den Sieg wirklich verdient!“, freute sich Maria mit ihr. Als sie Emila abgesattelt hatten und zum Trocknen herumführten, kam auf einmal ein Mann mit einer amerikanischen Baseballkappe auf sie zu.

„Ich heiße Tom Johnson“, stellte er sich vor. Er sprach recht gut polnisch, wenn auch mit einem breiten amerikanischen Akzent. Es stellte sich heraus, dass er ein Vertreter der Firma Equina war und sich gerade in Polen aufhielt, um dort eine Zweigstelle für seine Firma aufzubauen. Er erklärte ihnen, dass er sich ein Bild von der polnischen Distanzreiterszene machen wolle. „Sie sind hervorragend geritten, junge Dame!“, sagte er zu Jelena. „Woher haben Sie diese wundervolle Stute?“

In einem Gemisch aus Polnisch und Englisch erzählten Jelena und Maria ihm Emilas Geschichte. „Sie müsste ein richtig großes Rennen gewinnen oder wenigstens in die Top Ten in Polen kommen“, erklärte Jelena ihm.

„Na, sie ist auf dem besten Wege dahin!“ Der Amerikaner lächelte. Er kramte in seiner Jackentasche und fragte, ob er Emila etwas füttern dürfte.

Zu Jelenas großer Überraschung nahm die Stute wie selbstverständlich die kirschgroßen braunen Leckerlis aus seiner Hand und fraß sie begeistert.

„Wir haben sie extra für Distanzpferde entwickelt“, erklärte Tom Johnson grinsend, „mit Vitaminen, Enzymen und etwas Leinsamen.“

Sie unterhielten sich noch eine Weile und gaben ihm dann Marias Adresse. Er wollte in den nächsten Tagen vorbeikommen und sich ihre Pferde anschauen.

Jelena war sehr glücklich über Emilas Sieg. „Wenn sie so weitermacht, kann Dr. Stachura wirklich nichts mehr sagen“, meinte Maria.

„Wollen wir es hoffen.“ Jelena war zuversichtlich, aber solange es noch keine endgültige Entscheidung gab, musste sie sich weiter anstrengen.

Ein tolles Angebot

Ein paar Tage später kam Tom Johnson tatsächlich bei Maria vorbei. Die hatte ihn eingeladen, an einem Trainingsritt teilzunehmen, und es stellte sich heraus, dass der Amerikaner recht gut ritt. „Sagt doch einfach Tom zu mir", schlug er vor.

Der Boden war gefroren und an manchen Stellen rutschig, die Äste der Bäume waren bedeckt mit weißem Raureif. Dennoch machte der Ritt allen Spaß, auch wenn sie am Ende total durchgefroren waren. Als sie die Pferde versorgt hatten und sich bei einer Tasse Tee in Marias gemütlicher Küche aufwärmten, fragte Tom auf einmal: „Jelena, würdest du dir zutrauen, den Tevis Cup mit deiner Stute zu reiten?"

„Den Tevis?" Jelena lachte. Sie erinnerte sich an das Bild von Cougar Rock, den ein Pferd wie eine Bergziege hochkletterte. Hatte Maria nicht gesagt, es sei das schwerste Rennen Nordamerikas, das Mekka der Distanzreiter?

„Wenn Amerika nicht so weit weg wäre, schon", sagte sie spontan.

„Dafür gibt es heutzutage Flugzeuge", erwiderte Tom.

„Klar, aber was meinst du, was so etwas kostet!", mischte Maria sich ein.

Tom nahm einen Schluck Tee und sah Maria an. „Ich habe von meiner Firma den Auftrag erhalten, zwei polnische Distanzreiter zum Tevis Cup einzuladen. Einen Erwachsenen und einen Jugendlichen." Tom rührte in seinem Tee und fuhr dann fort. „Ich habe mich im Herbst schon auf ein paar Ritten umgeschaut und euch dort gesehen. Ich denke, ihr beiden wärt genau die Richtigen."

„Tom!" Maria starrte ihn fassungslos an. „Ich träume wohl, oder? Das gibt es doch gar nicht! Ich meine, wieso sollte Equina so was tun? Das kostet die Firma einen Haufen Geld!"

„Werbung, Maria, ist doch klar. Sieh mal, Equina will den europäischen Markt für seine Produkte erschließen, auch den polnischen. Kennst du nicht den alten Spruch ‚Tu Gutes und rede darüber'? Selbstverständlich werdet ihr alle Produkte von Equina umsonst bekommen, um eure Pferde optimal vorzubereiten."

„Aha, so ist das." Marias Gesicht wurde verschlossen. „Wir sollen also Werbung für Equina machen", stellte sie fest. „Was genau erwarten die denn von uns? Müssen wir T-Shirts mit eurem Logo anziehen und die Pferde in euren Firmenfarben bemalen?"

„Nein!" Tom lachte. „Ihr sollt lediglich unsere Produkte verwenden. Das Mineralfutter, die Elektrolyte-Paste, unsere Sättel und Zaumzeuge, und den Tevis als Test angehen. Wir möchten von euch wissen, wie ihr die Equina-Produkte einschätzt, ob sie euch bei der Vorbereitung und beim Ritt helfen – als Praxistest sozusagen. Außerdem ist es ungewöhnlich, dass polnische Reiter am Tevis Cup teilnehmen, also werdet ihr sicherlich von einigen großen Zeitschriften interviewt und fotografiert und in den Berichten über den Tevis Cup erwähnt werden. Nebenbei taucht dann eben auch Equina als euer Sponsor auf, das ist alles. Wir bräuchten nur ein Bild von euch auf Cougar Rock für unsere Werbung, denn das ist ja sozusagen das Wahrzeichen des Tevis."

„Das ist doch absolut fantastisch!" Jelena sah Maria strahlend an. „Du hast selbst gesagt, dass du gerne die Sachen von Equina hättest. Und dass es dein großer Traum ist, einmal den Tevis zu reiten!"

„Ja, du hast Recht. Es kommt nur alles so überraschend! Natürlich wollte ich immer mal den Tevis reiten. Ich dachte nur nicht ..." Maria stockte und suchte nach den richtigen Worten. „Ich konnte mir einfach nie vorstellen, dass das alles Wirklichkeit werden würde!"

In Jelenas Kopf wirbelten die Gedanken durcheinander. Wenn Emila den Tevis Cup schaffte, würde Dr. Stachura sie garantiert in seine Zucht nehmen. Ein Tevis Cup-Pferd in seinem Stall! Die einzige Stute in Polen, die Cougar Rock bezwungen hatte! Aber würde er sie überhaupt gehen lassen? Würden ihre Eltern einverstanden sein? Und dann noch die fremde Sprache ... Sie hatte erst seit zwei Jahren Englisch in der Schule und war nicht besonders gut darin. Amerika war ihr bisher immer so unendlich weit weg erschienen – und nun sollte sie tatsächlich hinfliegen, und dann auch noch zusammen mit Emila und Maria!

„… etwa vier Wochen vor dem Ritt, bei einer Gastfamilie, die am Lake Tahoe wohnt, wo der Tevis abgehalten wird", hörte Jelena gerade Tom sagen.

Maria hörte ihm mit leuchtenden Augen zu. „Also abgemacht", sagte sie. „Ich werde mit Jelenas Eltern und Dr. Stachura reden. Ich kann mir nicht vorstellen, dass sie etwas dagegen haben. Im Gegenteil, Dr. Stachura wird begeistert sein, dass ein Pferd aus seinem Gestüt am Tevis Cup teilnehmen darf", prophezeite sie.

Maria sollte Recht behalten. Dr. Stachura war Feuer und Flamme, als er von der Geschichte hörte, und auch Jelenas Eltern erklärten sich einverstanden. Ihre Mutter hatte zwar anfangs Bedenken, ihre Tochter samt Pferd in ein völlig fremdes Land reisen zu lassen, aber Maria versprach ihr, sich gewissenhaft um Jelena zu kümmern.

Auch Nadja machte sich Sorgen um die Freundin. „Mensch, was meinst du, wie anstrengend das wird", warnte sie Jelena. „Ich habe im Internet nachgeschaut", fuhr sie fort, „in manchen Jahren schafft es nicht einmal die Hälfte der Reiter bis zum Ziel. Oft werden über 100 der 200 Starter von den Tierärzten aus dem Rennen genommen. Und es ist dort wahnsinnig heiß im Juli, bis zu 45 Grad! Da gibt es Klapperschlangen und Skorpione!"

„Nur kein Neid", lachte Maria, die das Gespräch der Mädchen in der Sattelkammer mitgehört hatte. „Wir werden ausreichend Gelegenheit haben, uns an das Klima zu gewöhnen, und können einen Teil der Strecke sogar schon vorab reiten. Unsere Pferde sind gut in Form, wir müssen nur fleißig weitertrainieren und vor allem üben, im Dunkeln zu reiten."

„Im Dunkeln?" Jelena sah Maria überrascht an. „Wieso das denn?"

„Der Start zum Tevis ist immer um fünf Uhr früh. Für die 100 Meilen braucht man etwa 15 Stunden, wenn man super schnell ist, aber auch 24 Stunden sind noch in Ordnung. Nur wer länger als 24 Stunden braucht, wird disqualifiziert. Das heißt aber auch, dass man unter Umständen die ganze Nacht hindurch reiten muss, und zwar in schwierigem Gelände!"

„Ich bin ganz froh, dass ich mit meinem Wosk zu Hause bleiben kann", meinte Nadja. „Ich glaube, das Distanzreiten ist doch etwas zu anstrengend für mich."

Insgeheim war Jelena erleichtert, dass Nadja nicht mitwollte. Sie hatte schon befürchtet, dass die Freundin gekränkt sein könnte, weil sie zum Tevis Cup eingeladen war, und Nadja nicht. Aber nun war zum Glück klar, dass es deswegen keine Probleme geben würde.

„Mach dir nichts draus", meinte Maria lachend, „so verrückt wie wir ist eben nicht jeder. Hundert Meilen durch Staub, Felsen und Hochwüste in der Sierra Nevada sind nur was für echte Fanatiker!"

Von nun an trainierten sie noch gewissenhafter als vorher. Tom belieferte sie mit Equina-Futter und speziellen Kräutermischungen, mit Leckerlis und sogar einem wunderbaren leichten Sattel für Emila, der viel bequemer war als der alte Militärsattel.

Der Tierarzt kam, nahm Blut ab, impfte Barbakan und Emila und bereitete alle Dokumente vor, die sie brauchten, um mit den Pferden nach Amerika zu fliegen. Es war ein glücklicher Zufall, dass der Tevis Cup genau in die Zeit der Sommerferien fiel, denn so verpasste Jelena keinen Unterricht.

Einige ihrer Freundinnen beneideten sie glühend um diese Reise. Aus ihrer ganzen Schule war bisher noch niemand in den USA gewesen.

Das Frühjahr über starteten Maria und Jelena auf mehreren 80-Kilometer-Ritten, aber es gab vor dem Datum des Tevis in Polen keinen 160-Kilometer-Ritt. Diese fanden erst später im Sommer und im frühen Herbst statt.

„80 Kilometer reichen aber auch als Vorbereitung", stellte Nadja fest, die gemeinsam mit Jelena die Webseite des Tevis Cup genau studierte. Es gab auf der Seite eine Menge Fotos von gut durchtrainierten Pferden, die steile Abhänge hinauf- und hinunterkletterten, über Geröllfelder stiegen oder in einer Staubwolke dahintrabten. Die Reiter trugen zum Schutz gegen den Staub Tücher vor dem Gesicht und waren dadurch so gut wie unkenntlich. Jelena konnte sich beim besten Willen nicht vorstellen, dass sie bald genau auf diesen Wegen mit Emila reiten würde. Es schien alles noch so unwirklich, und doch rückte der Abreisetermin mit Riesenschritten näher. Sie hatten Nachtritte gemacht, joggten jeden Morgen fünf Kilometer und trainierten die Pferde fast täglich.

Endlich war es so weit: Der Abflug stand bevor. Jelena hatte gepackt und verabschiedete sich von ihren Eltern und den Schwestern. „Bring uns was mit“, rief Renata, und Thereza drückte ihre große Schwester so fest, als wollte sie sie nie mehr loslassen.

Auf einmal überflutete Jelena die Angst wie eine Welle. War sie denn verrückt geworden, samt Pferd um die halbe Welt zu fliegen, so weit weg von ihrer Familie, von Polen, von allem, was sie kannte und liebte? Und all das nur, um in einer vollkommen fremden Umgebung das schwerste Distanzrennen der Welt zu reiten? Das konnte doch nicht wahr sein! Schon brannten ihr die Tränen in den Augen, und einen Moment lang dachte sie daran, einfach alles abzusagen und zu Hause zu bleiben.

„Jelena, nun komm schon!“ Maria wurde ungeduldig. „In fünf Wochen sind wir doch wieder da!“

Das war natürlich genau das falsche Stichwort, fünf Wochen kamen Jelena vor wie eine halbe Ewigkeit. Schon liefen ihr die Tränen über die Wangen, und sie fiel ihrer Mutter um den Hals.

„Jelena“, meinte nun ihr Vater mit rauer Stimme. „Es wird sicher alles gut gehen. Denk an Emila! Das ist doch die Chance, von der du nicht mal zu träumen gewagt hast! Nun kann sie allen zeigen, was in ihr steckt, und dann ihren Platz unter den Elitestuten des Gestütes einnehmen. Ihr habt diese ganze Arbeit doch nicht umsonst gemacht. Kopf hoch!" Er gab ihr sein großes kariertes Stofftaschentuch und umarmte sie kurz.

Jelena schnäuzte sich, holte tief Luft und griff nach ihrer Reisetasche. „Du hast ja Recht, Papa", sagte sie, „aber ihr werdet mir so fehlen!"

Das Verladen der Pferde, die Fahrt zum Flughafen und die vielen Formalitäten lenkten Jelena dann erst mal wieder ab. Es gab so viel zu tun! Emila war ein wenig nervös, aber die Crew des Flugzeuges versicherte Jelena, dass Fliegen für die Pferde angenehmer sei als eine Fahrt im Hänger. „Wenn wir erst mal oben sind, merkt man gar nicht mehr, dass man in der Luft ist", sagte der Mann, der die Pferde in Empfang nahm.

Trotzdem würde es ein langer Flug werden, und Jelena hatte Angst. Sie war noch nie geflogen, ihr Magen krampfte sich zusammen, als sie abhoben und das Flugzeug sich immer höher hinaufschwang.

Nur gut, dass Maria dabei war. Ihr machte das Fliegen nichts aus, ja, sie sah sogar zum Fenster hinaus und summte glücklich vor sich hin. „Wir fliegen zum Tevis Cup, Jelena, wir Glückspilze! Ich hätte es niemals für möglich gehalten, dass ich den Tevis so bald mitreiten kann. Ach, ich freue mich schon so!"

Jelena ließ sich von der Begeisterung und Abenteuerlust ihrer großen Freundin anstecken. Es würden bestimmt die aufregendsten Wochen ihres Lebens werden!

Nach 10 Stunden Flugzeit landeten sie endlich in San Francisco. Hier waren ebenfalls wieder endlose Formalitäten und eine tierärztliche Untersuchung für die Pferde fällig, aber dann wurden sie von einem schlanken, braun gebrannten Amerikaner mit der unvermeidlichen Baseballkappe und seiner Frau in Empfang genommen. Es waren Bob und Leslie, bei denen sie die nächsten Wochen wohnen würden. Tom hatte ihnen erzählt, dass ihre Gastfamilie schon mehrere Male beim Tevis Cup mitgeritten sei und in der Nähe des Lake Tahoe wohne, wo der Tevis jedes Jahr abgehalten wurde.

Nun begrüßten die beiden ihre Gäste begeistert.

Jelena hatte so viel überschwängliche Freundlichkeit von völlig fremden Menschen nicht erwartet. Sie wusste nicht, was sie sagen sollte und lächelte erst mal nur freundlich. Außerdem hatte sie Schwierigkeiten mit der Sprache. Ihr dürftiges Schulenglisch reichte kaum aus, um das breite Amerikanisch zu verstehen.

Bob konnte sich an Emila gar nicht satt sehen. „Was für eine wundervolle Stute“, sagte er immer wieder. Zu Jelenas Verwunderung kannte er ihre gesamte Abstammung auswendig. Er sprach zwar die polnischen Namen mit unverkennbar amerikanischem Akzent aus, aber er kannte sie alle. „Ich liebe polnische Araber“, erklärte er der verdutzten Jelena. „Ach, warte nur, bis Paul sie sieht, er wird sich augenblicklich in sie verlieben!“, strahlte er und gab Emila noch eine Möhre, die sie erstaunlicherweise gerne von ihm nahm.

„Paul ist unser Sohn“, erklärte Leslie den beiden. „Er reitet dieses Jahr auch wieder den Tevis mit. Letztes Jahr konnte er in Robinson Flats nicht weiterreiten, weil sein Pferd gestürzt war und stark lahmte. Aber dieses Jahr versucht er es wieder. Der Tevis ist wie eine Sucht, wenn sie einen einmal gepackt hat, lässt sie einen nicht wieder los!"

Sie verluden die Pferde und fuhren los. Obwohl Jelena so aufgeregt war, schlief sie schon nach einer Viertelstunde im Jeep ein und wachte erst wieder auf, als Maria sie rüttelte und ihr erklärte, dass sie heute in einem kleinen Motel übernachten würden. „Die Strecke bis nach Tahoe ist zu weit, wir können sie nicht in einem Rutsch durchfahren. Die Pferde sind schon versorgt, du musst nur noch ins Bett!"

Hundemüde ging Jelena hinter ihr her zu ihrem Zimmer und schlief tief und fest bis zum nächsten Morgen.

Als sie aufwachte, ging sie mit Maria zuerst zu den Pferden. Sie waren in großen Boxen nebeneinander untergebracht, und Bob hatte sie bereits gefüttert und getränkt. „Meine polnische Prinzessin", nannte er Emila liebevoll und konnte sich an ihr nicht satt sehen.

Die Stute wirkte ein wenig nervös, aber sie wieherte leise, als sie Jelena erblickte. Ihr Fell glänzte, und ihre großen Augen schimmerten dunkel. Sie war wirklich eine der schönsten Stuten, die Jelena je gesehen hatte. Aber würde sie sich bewähren? Würde sie den enormen Anstrengungen des Tevis Cups gewachsen sein?

Jelena schlang die Arme um den Hals der Stute. „Ich wollte, wir hätten schon alles hinter uns", flüsterte sie.

Ankunft in Amerika

Sie fuhren fast den ganzen Tag und kamen erst gegen Abend in Tahoe an.

Die Boyds wohnten etwas außerhalb der kleinen Stadt und hatten Weiden, Ställe und einen Reitplatz direkt am Haus.

Als sie in die Einfahrt rollten, bemerkte Jelena als Erstes einen Reiter auf dem Platz. Er trabte ein sehniges hellbraunes Pferd am langen Zügel und lobte es gerade ausgiebig, indem er sich vorbeugte und ihm über den Hals strich.

„Das ist Paul!“, sagte Leslie und winkte ihrem Sohn zu.

Als der Junge das Auto sah, lenkte er sein Pferd zum Ausgang und öffnete das Tor geschickt vom Sattel aus. Im Schritt ritt er auf das Auto zu. „Hat alles gut geklappt?“, wollte er wissen.

Der braun gebrannte Junge war etwa 17 Jahre alt, hatte lockige Haare und dunkle Augen. Nun sprang er aus dem Sattel und band sein Pferd an.

Er begrüßte Maria und Jelena und half dann seinem Vater, die Laderampe des Hängers herunterzulassen.

Wie seine Mutter vorausgesagt hatte, war Paul von Emila sofort hin und weg.

„Hast du es gut“, sagte er zu Jelena. „So eine wunderbare Stute gehört dir!“ Er deutete zu seinem Pferd hinüber. „Natürlich liebe ich Raascha, aber eine so gute Stute habe ich lange nicht gesehen. Diese klaren Beine, der kurze Rücken und natürlich ihr Kopf! Sie ist eine klassische polnische Schönheit“, schwärmte er weiter.

In ihrem Schulenglisch erklärte Jelena dem Jungen, dass Emila ihr gar nicht gehörte, ja, dass es nicht mal sicher war, ob das Gestüt sie überhaupt behalten wollte.

„Was?“ Paul starrte sie entgeistert an. „Emila steht vielleicht zum Verkauf? Also, wenn dieser Stachura sie nicht will, wir nehmen sie sofort! Nicht wahr, Papa?“

Jelena lachte. „Wie kannst du nur so vernarrt in ein Pferd sein, das du erst ein paar Minuten kennst?“

„Liebe auf den ersten Blick! Ist es dir nicht genauso gegangen, als du Emila begegnet bist?“

„Ja, das stimmt“, gab Jelena zu.

Emila stand ruhig neben ihr, rieb die Nüstern an ihrem Ärmel und sah sich mit großen Augen um. Jelena spürte, wie viel Vertrauen die Stute zu ihr hatte, und sie wusste, dass sie zusammengehörten. Sie mussten den Tevis Cup schaffen, es gab keinen anderen Weg!

Maria und Jelena bezogen das bequeme Gästezimmer der Boyds, und dann bekamen sie ihre Pferde gezeigt: drei durchtrainierte Araber, die braune Stute Raascha, den grauen Wallach Cougars Clown und die Schimmelstute Sophisticate, „Sophie“ genannt.

Barbakan und Emila waren zusammen in einem Offenstall mit einem großen Auslauf untergebracht.

„Morgen machen wir erst mal einen Spazierritt, etwas ganz Langsames zum Eingewöhnen“, schlug Leslie vor. „Die Pferde werden eine Weile brauchen, um sich vom Transport zu erholen und sich an die Höhe zu gewöhnen. Wir liegen hier fast 2000 Meter hoch, und zum Teil führt die Strecke des Tevis noch höher in der Sierra Nevada, da liegt selbst jetzt im Juli teilweise noch Schnee.“

Jelena hatte schon bemerkt, dass sie schneller außer Atem kam und ihr das Blut in den Ohren rauschte.

Nach dem Abendessen zeigten ihnen die Boyds noch Fotos, die sie auf ihren bisherigen Tevis Cup-Ritten gemacht hatten.

Jelena hatte schon etliche Bilder vom Tevis gesehen, aber nun zeigten sie Menschen, die ihr gegenübersaßen, und Pferde, die sie gerade gestreichelt hatte.

Auf ein paar Bildern war ein müder, staubbedeckter Paul zu sehen, der mit besorgter Miene neben seinem Pferd stand, das gerade untersucht wurde. „Weiter als bis Robinson Flats bin ich letztes Jahr nicht gekommen“, kommentierte er das Foto. „Raascha ist gestolpert und hat sich beim Sturz am linken Vorderbein verletzt. Nur gut, dass sie sich nichts gebrochen hatte!“

Jelena starrte Paul erschrocken an. „Gibt es häufig Stürze beim Tevis Cup?“, fragte sie.

Paul nickte. „Das Gelände ist eben extrem schwierig. Viele Pferde sind das nicht gewöhnt, und die Reiter versuchen an den falschen Stellen zu schnell zu reiten.“

„Aber keine Sorge“, mischte sich seine Mutter ein. „Ihr seid ja deshalb so früh gekommen, damit ihr euch mit den Pferden an die Verhältnisse hier gewöhnen könnt!"

Trotzdem grübelte Jelena hin und her, als sie später in ihrem Bett lag. Ein falscher Tritt, und aus war es mit dem Tevis. Und wenn Dr. Stachura Emila dann verkaufen wollte, würde sie wahrscheinlich direkt hier bleiben. Die Boyds würden sie bestimmt auf der Stelle kaufen. Und falls sie ihre Meinung ändern sollten, fanden sich bestimmt noch andere Amerikaner, die gerne eine polnische Stute kaufen wollten. Dann würde sie ohne Emila nach Hause fliegen müssen! Der Gedanke daran trieb ihr die Tränen in die Augen. Sie mussten es einfach schaffen, Emila durfte nichts passieren!

Aber Jelena konnte vor lauter Sorge nicht einschlafen. Hatte Bob ihnen nicht vorhin erst Anzeigen von Gestüten gezeigt, die hier in Amerika rein polnische Araber züchteten? Das war Jelena vorher nicht klar gewesen. Nun aber begriff sie auf einmal, wieso Dr. Stachura so begeistert war, dass man sie zum Tevis Cup eingeladen hatte. Wenn sie sich hier bewährte, kamen sicherlich einige Amerikaner nach Polen, um bei ihnen Pferde zu kaufen! Es hing so schrecklich viel von diesem Ritt ab! Sie durfte absolut keinen Fehler machen!

Jelena fand einfach keine Ruhe. Schließlich stand sie wieder auf und schlich durch das dunkle Haus zu den Ställen hinaus.

Emila begrüßte sie mit einem brummelnden Wiehern und kam auf sie zu, obwohl sie kein Leckerli und keine Möhre dabeihatte.

Jelena legte ihrer Stute die Arme um den Hals und vergrub ihr Gesicht in der langen Mähne, die so wundervoll nach Pferd duftete. „Ach, Emila, wenn das nur alles gut geht“, schluchzte sie und drückte sich so fest an den Hals der Stute, als wollte sie ihn nie mehr loslassen.

Wie lange sie so gestanden hatte, wusste sie nicht, aber sie zuckte erschrocken zusammen, als sich hinter ihr jemand räusperte.

Sie fuhr herum und sah Paul, der mit ein paar Möhren in der Hand hinter ihr in der Stallgasse stand.

„Ich mache abends immer noch einen Rundgang, ehe ich ins Bett gehe“, sagte er etwas verlegen.

Jelena fuhr sich schnell mit dem Ärmel über die Augen. Paul sollte nicht sehen, dass sie geweint hatte. „Ich auch“, sagte sie, ohne ihn anzublicken.

„Komm, meine Prinzessin, eine Möhre für dich!“

Emila sah ihn aufmerksam an und nahm die Möhre ohne ein Anzeichen von Misstrauen.

„Früher mochte sie keine Männer“, sagte Jelena, um überhaupt etwas zu sagen, „aber inzwischen hat sie sich an sie gewöhnt.“

„Gut so“, grinste Paul.

Jelena begleitete ihn noch zu den anderen Pferden. Der Vollmond stand rund und gelb am Himmel.

„Beim nächsten Vollmond reiten wir den Tevis“, sagte Paul und deutete zum Himmel.

„Woher weißt du das?“

„Der Tevis Cup findet immer bei Vollmond statt“, erklärte Paul. „Der Ritt wird extra so gelegt, damit man nachts besser sehen kann. Manchmal verdecken Wolken den Mond, dann nützt das natürlich auch nicht besonders viel“, fügte er hinzu.

Jelena sah zum Nachthimmel hinauf. Sie konnte sich einfach nicht vorstellen, dass sie den nächsten Vollmond vom Sattel ihres Pferdes aus sehen würde – nachdem sie bereits seit fünf Uhr früh geritten war. Ob sie es überhaupt so weit schaffen würde?

Am nächsten Tag brachen sie früh am Morgen zum ersten gemeinsamen Ritt mit ihren Gastgebern auf. Der Weg führte zum Lake Tahoe hinunter, einem riesigen See, umgeben von Felsen und hohen Tannen und Kiefern. Nur an wenigen Stellen war das Ufer flach und sandig. Bevor sie den See erreichten, bogen die Boyds ab und blieben auf einem höher gelegenen Weg, der um einen Teil des Sees herumführte. Anfangs war es noch kühl, aber schon nach einer Stunde wurde Jelena warm.

Emilas und Barbakans Puls- und Atemwerte waren höher als zu Hause, aber alle versicherten ihnen, dass dies eine Folge des Klimawechsels und der Höhe sei.

„Das gibt sich nach ein paar Tagen“, beruhigte Paul sie. „Du wirst sehen, eure Pferde werden total fit sein, wenn der Tevis Cup beginnt. Dann habt ihr einen großen Vorteil gegenüber den anderen Reitern. Die meisten kommen höchstens ein paar Tage oder auch nur am Abend vorher hier an.“

Tatsächlich gewöhnten sich die Pferde schnell an die

neue Umgebung. Nach ein paar Tagen hatten sich ihre Werte normalisiert, und die Boyds schlugen vor, ein Drittel der Tevis Cup-Strecke zur Probe zu reiten. „Wir nehmen den letzten Teil von Foresthill nach Auburn", erklärte Leslie. „Das ist die Strecke, die man im Dunkeln bewältigen muss, da ist es von Vorteil, wenn man sie kennt. Pferde sehen zwar nachts viel besser als wir, aber es gibt einem ein gutes Gefühl, wenn man sie schon einmal geritten ist."

Sie verluden die Pferde früh morgens und fuhren bis zu einem Parkplatz, von dem aus ein Pfad nach Foresthill führte.

Der Weg war an manchen Stellen sehr schmal und führte stetig bergab. Mal ging es durch dichten Wald, dann wieder in Serpentinen einen steinigen Hang entlang, der 200 m tief in den American River abfiel.

„Meine Güte, hier darf man aber nicht danebentreten!" Maria sah schaudernd in die Tiefe.

Nach einer kurzen Pause meinte Bob: „Ich will euch ja keine Angst machen, aber hier sind im Jahr 2002 zwei Pferde abgestürzt. Eines war tot, das andere hat den Sturz wie durch ein Wunder fast unverletzt überstanden. Den Reitern ist nicht viel passiert, die sind mit ein paar Prellungen und Schürfwunden davongekommen."

„Das war seit 20 Jahren der schlimmste Unfall beim Tevis Cup", ergänzte Leslie.

Jelena starrte auf die Felsen unten beim Fluss. Emila durfte unter keinen Umständen ausrutschen, sie durfte nicht erschrecken und keinen falschen Tritt machen! Jelena hatte nicht geahnt, dass der Tevis Cup so gefährlich war. Dort unten war ein Pferd gestorben!

Dennoch fand sie die Landschaft faszinierend. Sie war so wild und ungezähmt, so anders als in ihrer Heimat. Felsen und richtig steiniges Gelände kannte sie von zu Hause nicht.

Emila war trotzdem erstaunlich trittsicher und trabte mit großen Schritten, auch wenn der Boden uneben und mit Steinen übersät war.

Einmal allerdings wäre sie dennoch fast gestürzt. Die Reiter wechselten sich immer mit dem Vorausreiten ab, damit sich die Pferde daran gewöhnten, mal zu führen und mal hinterherzutraben. Gerade als Jelena die Führung übernommen hatte und um eine Kurve trabte, scheute Emila plötzlich. Die Schimmelstute bremste so unerwartet, dass Maria auf sie auftritt und Emila bei diesem Rempler fast gestürzt wäre.

Jelena konnte sich nur mit Mühe im Sattel halten. Erst als sie sich wieder zurechtgesetzt hatte, sah sie, was Emila so erschreckt hatte.

„Eine Schlange!“, schrie sie entsetzt und deutete auf den Weg vor sich.

Dort lag eine große graubraune Schlange. Sie hielt den dreieckigen Kopf erhoben, ihr Schwanz war senkrecht in die Luft gestellt und gab ein rasselndes Geräusch von sich, das Jelena durch Mark und Bein ging.

„Eine Klapperschlange!“, rief Bob erschrocken, aber er fasste sich gleich wieder. „Reitet zurück“, wies er sie an, und Jelena kam seiner Aufforderung sofort nach.

Nur weg von dieser Schlange! Obwohl sie das Rasseln einer Klapperschlage noch nie vorher gehört hatte, wusste sie instinktiv, dass Gefahr drohte.

Auch Emila war kaum wiederzuerkennen. Sie tänzelte aufgeregt herum, und Jelena konnte die nervöse Stute kaum unter Kontrolle halten.

„Was machen wir jetzt?“, fragte Maria, denn es gab hier oben keinen anderen Weg.

„Oh, wir warten ab“, meinte Leslie und stieg aus dem Sattel. „Wenn die Klapperschlange sich nicht mehr bedroht fühlt, verzieht sie sich bestimmt. Die hat sich sicherlich genauso erschrocken wie wir.“

„Und solche Schlangen liegen auch während des Tevis Cups mitten auf dem Weg rum?“, fragte Jelena leichenblass.

„Das kann schon vorkommen“, gab Bob zu. „Allerdings ziehen sich die Schlangen bei so vielen Reitern fast immer zurück. Wir sind heute eben die Einzigen hier und haben sie sicher bei ihrem Sonnenbad gestört.“

Jelena schüttelte sich. „Die war ja riesig“, meinte sie. „Der Körper war so dick wie mein Handgelenk!“

„Die großen alten Schlangen sind gar nicht so gefährlich“, erklärte Paul. „Vor den kleinen Klapperschlangen muss man sich in Acht nehmen. Die Großen können nämlich ihr Gift dosieren oder sogar ohne Gift beißen, aber die Kleinen geben bei jedem Biss alles, was sie haben! Die meisten wilden Tiere greifen übrigens nur an, wenn sie sich wirklich bedroht fühlen und keinen anderen Ausweg mehr wissen.“

Maria beruhigte das wenig. „Egal, ob groß oder klein, ich möchte lieber keiner Klapperschlange mehr begegnen“, sagte sie.

„Ich gehe mal nachschauen, ob sie weg ist!“ Bob gab seiner Frau die Zügel seines Wallachs und ging vorsichtig um die Kurve.

„Ihr könnt kommen!“, rief er dann. Tatsächlich war von der Klapperschlange nichts mehr zu sehen.

Als sie später unten am Fluss ritten, sah Jelena noch ihren ersten Biber, und als sie schon fast in Auburn waren, entdeckten sie die Spur eines Bären auf dem Weg.

Jelena dachte daran, dass sie diese Strecke im Dunkeln reiten musste, und schauderte. Sie hatte versucht, sich Besonderheiten der Strecke genau einzuprägen, aber es gab so viele Steine, Bäume und Kurven, die nach einer Zeit alle ähnlich aussahen.

Als sie in Auburn angekommen waren und die Pferde versorgt hatten, war Jelena ziemlich erledigt. „Ich fand den Ritt total anstrengend“, meinte sie. „Wie soll ich bloß eine dreimal so lange Strecke schaffen?“

„Keine Sorge“, beruhigte Paul sie. „Wenn man erst mal unterwegs ist, geht es schon. Emila ist doch super trainiert!“

„Meinst du wirklich?“

Paul nickte. „Sie hat diesen ungeheuer leichtfüßigen Trab. Das ist der Traum jedes Distanzreiters! Du wirst sehen, ihr werdet alles gut schaffen.“

„Wir müssen einfach gut sein“, murmelte Jelena, obwohl sie immer noch daran zweifelte, dieses ganze

Abenteuer zu bestehen. Der nächste 30-Meilen-Ritt ein paar Tage später verstärkte ihre Unsicherheit noch. Diesmal ritten sie das Mittelstück des Tevis, von Robinson Flats nach Foresthill. Hier war das Gelände noch schwieriger als beim letzten Stück. Die Pferde mussten drei Canyons durchklettern. Beim ersten staubte es so stark, dass Jelena kaum noch etwas sehen konnte.

„Binde dir dein Halstuch vors Gesicht!“, riet Leslie, die ihr Pferd den steilen Pfad hinunterführte. Auf der anderen Seite kletterten sie, die Hand im Schweif ihrer Pferde, wieder bergan.

Jelena schaffte den Anstieg nur mit Mühe und Not. Oben blieb sie keuchend stehen und riss sich das Halstuch herunter. Sie war in Schweiß gebadet, die Sonne brannte unbarmherzig vom Himmel.

„Trink was!“ Maria hielt ihr die Wasserflasche hin. Das Wasser war heiß und schmeckte brackig, aber Jelena trank es trotzdem gierig.

„Heute sind es 45 Grad“, stellte Bob mit einem Blick auf sein kleines Thermometer fest.

Jelena sagte nichts. Ihr Hals brannte, und sie fühlte sich schon jetzt wie gerädert. Doch sie zwang sich, wieder in den Sattel zu steigen und anzutraben.

Als sie endlich wieder in Foresthill waren, tat Jelena jeder Knochen und jeder Muskel weh. So schlimm hatte sie sich den Tevis nicht vorgestellt! Sie war von oben bis unten voller Staub und Schweiß, ihre Augen brannten, und ihre Hände zitterten, als sie versuchte die Bügel hochzuschieben.

Das einzig Ermutigende war, dass Emilas Puls- und Atemwerte inzwischen besser waren als die der anderen Pferde. Sie sah selbst nach diesem anstrengenden Wegstück aus, als könnte sie noch locker weiterlaufen. Ihre Augen waren blank, ihre Atmung normalisierte sich schnell, und sie machte sich hungrig über ihr Heu her.

„Mit diesen super Werten gewinnst du noch den Haggin Cup“, flachste Paul, um Jelena aufzumuntern.

Jelena hatte schon vom Haggin Cup gehört, dem Preis für die beste Kondition. Er wurde jedes Jahr an das Pferd vergeben, das den Ritt in der besten körperlichen Verfassung hinter sich brachte.

„Zweimal hat ein Maultier den Haggin Cup gewonnen“, erzählte Leslie, während sie das Sattelzeug im vorderen Teil des Hängers verstaute. „Eines davon habe ich kennen gelernt. Ruby, ein großer Fuchs, den sein Besitzer als Jährling aus Mitleid total abgemagert und verwurmt gekauft hat!“

Wenn ein Maultier den Haggin Cup gewinnen konnte, sollte Emila den Ritt doch zumindest irgendwie schaffen! Dieser Gedanke beruhigte Jelena ein wenig.

Zu Hause ließ Leslie für sie ein heißes Bad ein, und danach ging es Jelena schon ein wenig besser. Einerseits hatte sie das Gefühl, als sei sie schon ewig von Polen weg. Sie hatte Heimweh und vermisste ihre Familie. Auf der anderen Seite raste die Zeit nur so vorüber, und der Tevis Cup rückte unaufhaltsam näher.

Es geht los!

In der Woche vor dem Tevis gönnten sie ihren Pferden Ruhe. Sie machten noch ein paar kleine Ritte, aber zwei Tage vorher kamen die Pferde nur noch auf die Weide.

„Sie sollen ausgeruht an den Start gehen“, sagte Maria. „Ich kann es kaum noch erwarten“, meinte sie dann aufgeregt. „Wir reiten tatsächlich den Tevis Cup!“

Jelena hätte sich auch gerne gefreut, aber ihre Angst zu versagen überwog. Wenn sie so wie die anderen nur zum Spaß oder aus sportlichem Ehrgeiz geritten wäre, dann wäre sie sicher auch nur gespannt gewesen. Aber für sie und Emila hing zu viel von diesem Ritt ab!

In Paul hatte sie einen geduldigen Zuhörer gefunden. Er machte ihr immer wieder Mut und schenkte ihr am Tag vor dem Ritt einen kleinen Anhänger mit einem Schutzengel daran. Etwas verlegen ließ er die silberne Kette in ihre Hand gleiten. „Mom hat sie mir geschenkt, als ich ein kleiner Junge war“, sagte er. „Ich möchte, dass du sie trägst. Der Engel soll dir Glück bringen!“

Jelena wusste nicht, was sie sagen sollte. Sie sah den silbernen Anhänger an und schloss ihre Finger darum.

„Vielen Dank“, sagte sie leise und konnte Paul gar nicht anschauen, weil er sonst die Tränen in ihren Augen gesehen hätte.

Am nächsten Tag fuhren sie mit den Pferden und sämtlichem Gepäck zu Robbie Park, wo alle Teilnehmer des Tevis übernachteten.

Jelena war erstaunt, schon mittags hier so viele Zelte, Wagen und Anhänger zu sehen. Pferde wurden ausgeladen, herumgeführt oder in kleinen Paddocks untergebracht, die mit Elektroband abgesteckt waren.

Sie führten ihre Pferde dem Tierarzt zur Anfangsuntersuchung vor und bekamen jeweils eine Nummer, die ihren Pferden mit einem leuchtenden Stift auf die Hinterhand gemalt wurde.

Am späten Nachmittag fand noch ein Treffen der Junioren-Reiter statt. Insgesamt waren es fünf Jungen und Mädchen unter 17 Jahren, die dieses Jahr am Tevis teilnahmen. Eine Mutter war mit ihren beiden Töchtern dabei, eine Frau ritt mit ihrem 16-jährigen Sohn, und dann waren da noch Paul und Jelena.

Cindy von der Rittleitung erklärte ihnen die Strecke und die wichtigsten Punkte und teilte Formulare aus, die die begleitenden Erwachsenen ausfüllen mussten. Maria unterschrieb für Jelena und Leslie für Paul.

„An drei Kontrollpunkten darf eure Crew zu euch“, erklärte Cindy, „und zweimal ist eine Pause von je einer Stunde vorgeschrieben. Nutzt die Zeit und ruht euch aus! Wenn ihr nicht mehr weiterkönnt, ist es keine Schande, den Ritt abzubrechen.“ Sie sah die jungen Reiter an. „Der Tevis ist ein sehr schwieriger Ritt, selbst viele Erwachsene schaffen ihn nicht. Lasst euch Zeit und reitet vor allem am Anfang nicht zu schnell!“

Beim Abendessen brachte Jelena vor Aufregung kaum einen Bissen hinunter. Überall brannten kleine Lagerfeuer, aus ein paar Transistorradios tönte leise Musik.

Die Pferde verbrachten die Nacht entweder in kleinen Paddocks oder in ihren Hängern. Über ihnen funkelte der unendliche Sternenhimmel. Jelena konnte sich nicht erinnern, in Polen schon mal so viele Sterne gesehen zu haben. Die Milchstraße leuchtete richtig, der Mond war fast voll, und von den anderen Camps klang Reden und Gelächter herüber.

„Viele der Reiter kennen sich seit Jahren", meinte Leslie. „Manche reiten den Tevis seit 20 Jahren, es ist das große Ereignis, auf das sie sich das ganze Jahr freuen."

Jelena erwiderte nichts. Wie gerne hätte sie sich auch auf den Ritt gefreut! Aber sie stand unter einer entsetzlichen Spannung. Für niemand anderen bedeutete der Tevis so viel wie für sie, da war sie sich sicher.

Sie wunderte sich, dass wildfremde Männer und Frauen zu ihrem Camp kamen, Maria und ihr die Hand schüttelten und ihnen Glück wünschten. „Wir hatten noch nie eine Juniorenreiterin aus Polen beim Tevis dabei", meinte eine ältere Frau namens Tamara mit kurzen grauen Haaren und gebräunter Haut.

Wie die meisten war auch sie von Emila begeistert. „Ich bin den Tevis 15-mal geritten", sagte sie und zwinkerte Jelena zu. „Du schaffst es, das habe ich im Gefühl. Mach dir keine Sorgen und schlaf gut. Denk daran, du hast ein tolles Pferd. Aber ein bisschen Glück muss man trotzdem haben! Toi, toi, toi!" Sie hatte sich schon zum

Gehen gewendet, als sie sich noch einmal umdrehte. „Noch ein Tipp", sagte sie. „Falls du dir nicht sicher bist, ob dein Pferd zu erschöpft zum Weiterreiten ist, richte dich nicht nur nach den Puls- und Atemwerten, sondern sieh dir seine Augen an! Sie werden dir alles sagen, was du wissen musst: Ob dein Pferd noch etwas zu geben hat, oder ob es so erschöpft ist, dass es besser ist, das Rennen zu beenden."

Jelena griff nach dem kleinen Schutzengel, den Paul ihr geschenkt hatte. Sie trug das Kettchen unter ihrem Hemd. Hoffentlich hatte die Frau Recht!

Sie gingen früh ins Bett, denn der Start war für fünf Uhr morgens angesetzt.

Um kurz nach drei weckte Leslie Maria und Jelena in ihrem Zelt. Es war noch dunkel, aber überall im Camp flackerten Taschenlampen. Pferde wurden gesattelt, Reiter tranken Kaffee und redeten kurz miteinander.

Auch Jelena trank den Becher Kaffee, den Paul ihr in die Hand drückte. Ein Brot lehnte sie allerdings ab. „Ich kann nicht", flüsterte sie und war auf einmal den Tränen nahe.

„Jelena, denk an Emila! Du musst Reserven haben! Es wird ein langer Tag, und du brauchst deine Kräfte!"

Jelena zwang sich, ein paar Bissen zu essen, und steckte sich den Rest in die Tasche ihrer Jacke. Sie überprüfte sorgfältig noch einmal ihr Gepäck: Wasserflasche, Verbandszeug für Erste Hilfe, Elektrolyte, Hufschuhe, falls ein Eisen verloren ging, ein paar Müsliriegel und Lederriemchen, um ein zerrissenes Zaumzeug zu reparieren.

Bob hielt eine große Taschenlampe, damit sie Licht beim Satteln der Pferde hatten. Er selbst würde nicht mitreiten, sondern mit dem Auto zu den Stopps fahren und sich dort um sie kümmern.

Emila sah Jelena mit großen Augen an, als ob sie fragen wollte, was sie hier mitten in der Nacht suche. „Mila-Mädchen, jetzt kommt unsere große Prüfung!“ Jelena sprach leise mit ihrer geliebten Stute. Im Schein der Taschenlampe betrachtete sie ihre Augen. Die Schimmelstute blickte sie ruhig und zuversichtlich an, als wolle sie sagen: „Ich bin bereit!“ Hatte die Frau das gemeint?

„Wir beide werden es schon schaffen“, flüsterte Jelena ihrer Stute ins Ohr.

Sie bemerkte, dass inzwischen auch andere Teilnehmer nervös wurden. Über dem ganzen Camp lag eine fast greifbare Spannung. Schrilles Wiehern erfüllte die Luft, Eimer klapperten, und immer mehr Pferde wurden an den Start geritten. Dort waren verschiedene Zonen mit Bändern abgesteckt. Die ganz schnellen Reiter sollten sich vorne sammeln, die etwas langsameren in der Mitte, und die, die es ruhig angehen wollten, standen hinten. Als Jelena, Maria, Leslie und Paul zur Sammelstelle kamen, war der vordere Teil schon gerammelt voll.

„Die reiten alle, um zu gewinnen“, sagte Leslie.

Die meisten der über 200 Pferde waren relativ ruhig, nur ein großer Fuchs trippelte nervös hin und her. Als ihm ein anderes Pferd zu nahe kam, stieg er steil auf die Hinterhand.

Auch Emila wurde unruhig. Sie begann mit dem Schweif zu schlagen und zu tänzeln.

Endlich ging es los! Die erste Meile wurde im Schritt geritten, dann begannen alle zu traben. Einige Pferde setzten sich sofort im Galopp an die Spitze und verschwanden in einer Staubwolke in der Dämmerung.

Emila wollte hinterher, und Jelena hatte alle Hände voll zu tun, um ihre Stute im Trab zu halten.

Paul und Leslie ritten einen flotten, aber gleichmäßigen Trab, und allmählich pendelte sich auch Emila in ihren Rhythmus ein. Barbakan trabte mit großen Tritten neben ihnen her.

Nach drei Kilometern kam ihnen schon ein Pferd ohne Reiter entgegen. Der große Braune lahmte vorne rechts, trabte aber dennoch schrill wiehernd in ihre Richtung.

Leslie sprang behände aus dem Sattel, es gelang ihr, den Braunen einzufangen.

„Was machen wir denn jetzt mit ihm?“ Maria sah sich hilflos um. „Das kostet doch alles Zeit!“

„Wir suchen seinen Reiter, ist doch klar!“ Paul übernahm die Zügel des Braunen. „Wir nehmen ihn mit, bis wir den Reiter finden!“

Der Braune ging recht brav als Handpferd, aber weil er lahmte, ritten sie Schritt.

Schon nach wenigen Minuten kam seine Reiterin angerannt. Sie hatte eine blutige Schramme über dem Auge, war aber ansonsten unverletzt.

„Dover ist gestolpert und hat sich überschlagen“, erklärte sie. Sie bedankte sich überschwänglich bei Paul, dann nahm sie ihr Pferd und führte es langsam zum Start zurück. Für sie war der Tevis vorbei.

„Die Ärmste, und das nach all der Vorbereitung!“ Maria setzte sich im Sattel zurecht und trabte an.

„Damit muss man beim Tevis rechnen“, sagte Leslie trocken. „Jedes Jahr kommt höchstens die Hälfte der Reiter an!“

„Das reicht, Mama!“ Paul warf Jelena einen aufmunternden Blick zu. „Jetzt reiten wir und reden von was anderem! Squaw Valley ist nämlich einer der schönsten Teile des Tevis!“

Jelena gab Paul Recht: Der Weg führte durch ein weites Tal, in dem Wildblumen auf grünen Wiesen blühten. Auf den höher gelegenen Hängen glitzerten Schneereste in der Morgensonne. Inzwischen liefen die Pferde nicht mehr so dicht gedrängt, und auf einmal lag schon der erste Kontrollpunkt vor ihnen.

Die Helfer kümmerten sich rührend um die Reiter. Eine Frau gab Jelena Wasser, während ein junger Mann Emilas Zügel hielt und ein Mädchen die Stute mit Wasser abkühlte. Danach gab es ein wenig Heu und Wasser für alle Pferde. Bildete Jelena sich das ein, oder bemühten sie sich besonders um sie?

Als sie Paul danach fragte, grinste er viel sagend. „Jeder hier weiß doch, was für dich von diesem Ritt abhängt!“

„Woher denn?“ Jelena sah ihn argwöhnisch an. „Du hast das doch nicht überall herumerzählt?“

„Ich kann doch nicht lügen, wenn mich jemand fragt, oder?", meinte Paul schulterzuckend.

Jelena wusste nicht so recht, wie sie das finden sollte. Aber sie hatte keine Zeit, darüber nachzudenken, sie mussten weiterreiten.

Nun wurde der Weg zusehends schwieriger. Der Pfad war steinig und so schmal, dass kein Reiter den anderen überholen konnte. An manchen Stellen gab es regelrechte Staus, wenn ein kleiner Bach den Weg kreuzte und einige Pferde dort anhielten, um daraus zu trinken.

Auch Jelena und ihre Gruppe ließen die Pferde trinken, dann ging es weiter, einen steilen Anstieg hinauf, der in einem ausgetrockneten Bachbett endete. „Sind wir hier richtig?", fragte Jelena und sah sich erstaunt um. Vor ihnen mühten sich zwei Pferde eine steile, glatte Steintreppe hinauf, die wohl von ausgetrockneten Wasserfällen her stammte. Eines der Pferde rutschte aus und verlor um ein Haar das Gleichgewicht.

„Wir sind richtig." Paul zeigte auf die gelben Markierungen, die im Wind flatterten. „Lehn dich weit vor, um dein Pferd nicht nach hinten zu ziehen!"

Damit trieb er Raascha an. Ohne zu zögern setzte die braune Stute ihre Hufe sicher zwischen spitze Steine und Geröllbrocken und sprang teilweise die Steinstufen nach oben.

Jelena wurde flau im Magen. Sie nahm die Zügel etwas kürzer und setzte sich zurecht. „Komm, Mila, das können wir auch", sagte sie leise. Tatsächlich sahen die Stufen von unten schlimmer aus, als sie waren, und alle

Pferde in ihrer Gruppe schafften den Aufstieg ohne Probleme.

Nun ging der Weg wieder leicht bergab und wurde breiter. Nach einer Weile ritten sie im ruhigen Trab in Lyons Ridge, dem nächsten Kontrollpunkt, ein.

„Hier werden die Pferde auf Lahmheit untersucht!“, erklärte Leslie, als sie aus dem Sattel sprang.

Der Tierarzt ließ Emila an der Hand vortraben und tastete dann sorgfältig ihre Sehnen und Gelenke ab. „Alles in Ordnung“, stellte er zufrieden fest und nickte Jelena aufmunternd zu.

Nach einer kurzen Pause ging es weiter. Inzwischen war es warm geworden, und Jelena zog ihren Pulli aus.

„Jetzt ist es nicht mehr weit bis zum Cougar Rock!“, rief Paul und drehte sich im Sattel zu Jelena um, die dicht hinter ihm ritt.

Bald schon sahen sie den berühmten Felsen vor sich in die Höhe ragen. Die scharfen Umrisse hoben sich gegen den blauen Himmel ab, Tannen und Pinien wuchsen auf den zerklüfteten Klippen, und ein schmaler Weg schlängelte sich zwischen den Bäumen hindurch, ehe er sich teilte. Man konnte den Cougar Rock hinauf oder aber um ihn herum reiten.

Auf dem Weg zum Cougar kam ihnen eine Reiterin zu Fuß entgegen. Ihr Fuchswallach hatte eine blutende Schürfwunde an der Hinterhand, die Reiterin humpelte neben ihm her. Ihr Ärmel war zerrissen und ihr rechter Arm blutig zerschrammt und zerkratzt. Sie war den Tränen nahe, als Leslie neben ihr anhielt und sie fragte, ob sie Hilfe brauchte. „Es wird schon gehen", sagte die dunkelhaarige Frau und wischte sich mit dem Ärmel über das Gesicht. „Redbird ist vor dem steilsten Stück erschrocken. Er wollte umkehren, stürzte dabei und rutschte ein Stück über die Felsen herunter. Ich würde Cougar Rock umreiten, er ist wirklich irrsinnig steil!"

Maria und Jelena sahen sich an. Sie hatten keine Wahl, wenn sie ihren Vertrag mit Equina einhalten wollten. Das Bild vom Erklimmen des Cougar Rock war wichtig für die Werbung, egal ob sie den Rest des Tevis schafften oder nicht. „Wir haben es versprochen", meinte Maria entschlossen, „es gibt jetzt kein Zurück."

Leslie fragte noch einmal, ob sie der Frau irgendwie helfen könnten, aber sie schüttelte den Kopf. Sie wollte zum nächsten Kontrollpunkt laufen und den Ritt dort beenden.

„Cougar Rock ist gar nicht so schlimm", meinte Paul. „Man muss nur ordentlich treiben und dem Pferd keine Gelegenheit zum Umkehren geben. Ich hatte bisher noch nie Probleme, und die Aussicht von oben ist absolut irre. So etwas seht ihr nie wieder!"

Er trieb Raascha energisch an.

Jelena schluckte. Dann klopfte sie Emilas Hals und folgte Paul. Der erste Teil des Weges war ein schmaler, steiniger Pfad, der aber nicht besonders steil war und sich in Serpentinen nach oben wand. Dann aber machte er eine Biegung nach rechts, und auf einmal sah Jelena vor sich nur noch ein steiles Geröllfeld mit großen, scharfkantigen Felsbrocken.

„Hier werden immer die Fotos gemacht!“, rief Leslie und deutete nach links, wo eine Fotografin zwischen den Felsen saß und ihnen zuwinkte.

„Einer nach dem anderen bitte!“, rief sie.

Paul ritt wieder vor, und Jelena beobachtete fasziniert, wie Raascha einer Bergziege gleich durch das Geröllfeld kletterte und ein paar Mal von einem Felsblock zum anderen sprang. Der Junge stieß ein wildes „Jip, jip, jip“ aus, als er oben war, und winkte ihnen zu.

Jelena fasste in die Mähne und nahm den rechten Zügel kürzer, um ein Ausweichen nach links zu verhindern. Dann trieb sie ihre Stute energisch an. „Auf geht's, Emila!“ Jelena lehnte sich weit nach vorne, um nicht hinter der Bewegung zurückzubleiben.

Zielstrebig marschierte Emila los, aber als sie zu den großen Felsblöcken kam, zögerte sie für den Bruchteil einer Sekunde und sah nach links. Jelena reagierte sofort und trieb die Stute mit aller Kraft voran. Da schnellte sie ab, sprang auf den nächsten Block, und nach zwei weiteren Sätzen war sie oben.

„Geschafft!“ Jelena jubelte und umarmte ihre Stute, die schwer atmend neben Raascha stand.

Der Ausblick vom Cougar Rock war wirklich atemberaubend. Man konnte kilometerweit über die Sierra Nevada sehen. Es kam Jelena vor, als läge ihr hier die ganze Welt zu Füßen.

Haggin Cup

Auch Maria und Leslie kamen mit ihren Pferden unversehrt oben an, und nach einer kleinen Verschnaufpause ritten sie weiter.

Die Landschaft veränderte sich wieder. Der Weg wurde breiter, führte durch eine parkähnliche Landschaft mit Wiesen, großen Tannen, einzelnen Felsblöcken und Wasserfällen. Den nächsten Check bei Red Star Ridge passierten alle ohne Schwierigkeiten, der Tierarzt war mit Emilas Werten sogar besonders zufrieden.

„Mach so weiter", sagte er zu Jelena. „Dein Pferd hat eine super Kondition!"

Obwohl es inzwischen immer wärmer wurde, hatte Jelena das Gefühl, dass Emila sich gerade erst in Form lief. Sie trabte mit großen, schwingenden Tritten, und Jelena musste sie meistens etwas zurückhalten, sonst wäre sie den anderen Pferden in ihrer Gruppe einfach davongelaufen.

„Beim nächsten Stopp wartet Bob auf uns", meinte Leslie, während sie einige Reiter überholten, die ein langsameres Tempo ritten.

Auf einmal sah Jelena zu ihrer Überraschung, dass der Weg vor ihr von Menschen gesäumt war. Sie winkten den Reitern zu, feuerten sie an, und eine Frau reichte Jelena einen Becher mit kaltem Wasser, den sie im Traben schnell austrank, um nichts zu verschütten.

Etwas abseits von dem Trubel erwartete sie Bob mit einigen Freunden, die Jelena bereits kennen gelernt hatte. Im Nu waren die Pferde abgesattelt und getränkt, dann bekamen sie etwas Heu zu fressen.

„Jetzt musst du Emila noch dem Tierarzt vorführen, erst danach fängt die Stunde Pause an", erklärte Bob Jelena.

Der Tierarzt schaute sich die Stute sehr genau an. Er prüfte, ob sie genug trank, maß Puls und Atmung und untersuchte sie auf Lahmheiten. „Hervorragend", lautete sein Befund. „Diese Stute ist topfit. Ihr könnt sofort in die Pause gehen!"

Jelena lächelte erleichtert und führte Emila weiter. Bob zeigte ihr, wo er das Camp für Pferde und Reiter eingerichtet hatte. Eine Plane, die er zwischen zwei Pinien gespannt hatte, spendete Schatten. Eine Frau übernahm Emila und kühlte ihre Beine mit Eiswasser, während sie fraß.

Jelena ließ sich in einen Campingstuhl fallen und trank ein großes Glas kalter Limonade, das Bob ihr reichte. Essen konnte sie so gut wie nichts. Mühsam zwang sie sich ein halbes Brot herunter, aber mehr ging beim besten Willen nicht. Nun kamen auch die drei anderen ins Camp, aber Jelena sah gleich, dass etwas nicht stimmte.

„Clowns Pulswerte sind zu hoch", sagte Leslie besorgt und strich ihrem Wallach über den schweißnassen Hals.

„Er kommt einfach nicht auf 60 runter“, murmelte sie mit einem Blick auf den digitalen Pulsmesser in ihrer Hand. „68 und nicht weniger. Der Tierarzt gibt ihm noch zehn Minuten, wenn er bis dahin nicht auf 60 ist, nimmt er ihn aus dem Rennen.“

Alle bemühten sich um Clown. Er bekam Wasser mit Elektrolyte, wurde kalt abgewaschen, und eine Freundin von Leslie massierte seine Ohren. „Das hilft garantiert“, versicherte sie. „Es ist eine wunderbare Methode, um erschöpften Pferden neue Energie zu geben.“

Eine Minute vor Ablauf der Frist piepste der Pulsmesser. „Na, Gott sei Dank!“ Leslie war erleichtert. „Nun kann ich Clown dem Tierarzt noch einmal vorstellen.“

Als sie wiederkam, beriet sie sich mit Bob. „Meine offizielle Pause fängt ja erst jetzt an“, sagte sie. „Wenn wir zusammen weiterreiten wollten, müssten die anderen 20 Minuten auf mich warten, das will ich nicht. Für Jelena hängt zu viel von einer guten Platzierung ab, ich möchte sie nicht aufhalten!“

Also beschlossen sie, dass Maria ein Formular unterschreiben sollte, mit dem sie erklärte, dass sie auch für Paul verantwortlich war. Jugendliche durften nämlich nicht einfach so ohne die Begleitung eines Erwachsenen reiten.

Jelena genoss die Pause. Sie musste sich um nichts kümmern und konnte sich einfach nur ausruhen. Doch viel zu schnell mussten sie wieder los. Bobs Helfer brachten ihr eine ausgeruhte, fertig gesattelte Emila. Jelena sah in die Augen ihres Pferdes und spürte, dass

Emila frisch war. Sie wollte weiterlaufen, sie hatte noch Kraft.

Leslie winkte ihnen nach. „Ich sehe euch am Ziel!", rief sie. „Viel Glück!"

Schon nach kurzer Zeit begann der erste Abstieg in einen steilen Canyon. Sie beschlossen abzusteigen und mit ihren Pferden hinunterzujoggen. Auf dem schmalen Pfad abwärts war es brütend heiß, und es staubte so sehr, dass Jelena den Boden vor ihren Füßen nicht sehen konnte. Sie zog ihr Halstuch über Mund und Nase und lief stolpernd die gut 500 Höhenmeter bis auf den Grund des Canyons. Als sie unten ankam, war sie schweißüberströmt, die Zunge klebte an ihrem Gaumen, und ihre Augen brannten.

Ein paar Meter weiter mussten sie eine Hängebrücke überqueren, die unter den Hufen der Pferde schaukelte. Zum Glück kannten sie diese Stelle schon von ihrem Proberitt und meisterten sie ohne Zeitverlust. Jetzt hieß es auf der anderen Seite wieder hinaufklettern. Wie sie es geübt hatten, liefen sie hinter ihren Pferden her und hielten sich am Schweif fest. Die Sonne brannte unbarmherzig vom Himmel, und die Staubwolken wurden so dicht, dass Jelena anfing zu husten und immer langsamer wurde. Sie schaffte den Aufstieg nur unter Aufbietung all ihrer Kräfte. Aber sie schonte Emila, indem sie nicht ritt, und nur das allein zählte. Jelena wurde nur noch von einem Gedanken beherrscht: Sie mussten den Tevis schaffen, sie mussten das Ziel erreichen und allen beweisen, was für ein wundervolles Pferd Emila war!

Keuchend hielten sie oben einen Moment inne, und schon standen wieder ein paar freundliche Helfer bereit, die ihnen und den Pferden Wasser anboten und ihnen Mut zusprachen. Es folgte eine kurze Untersuchung durch den Tierarzt, dann konnten sie weiter.

Mit zitternden Knien stieg Jelena in den Sattel und trabte an. Paul ritt neben ihr. „Kannst du noch?“, fragte er und sah sie besorgt an.

Jelena nickte. „Es ist nur so heiß und staubig“, krächzte sie.

„Beim nächsten Stopp machst du dir die Haare unter dem Helm nass“, schlug er vor.

Jelena war froh, dass Paul mit ihr ritt. Es ermutigte sie, wenn sie daran dachte, dass er diesen Ritt schon mal geschafft hatte. Was er konnte, konnte sie auch!

Schon ging es den nächsten Canyon hinunter. Er war nicht ganz so steil wie der vorige, aber der Staub war genauso schlimm. Wieder stiegen die drei ab und liefen zu Fuß hinunter. Unten im Canyon gab es einen kleinen Fluss. Mit einem der mitgebrachten Schwämme säuberten sie die staubverklebten Nüstern der Pferde und ließen sie trinken.

Dann tauchten sie ihre Halstücher ins kalte Wasser, wuschen sich den Staub ab und schütteten sich das erfrischende Wasser über den Kopf, ehe sie den Helm wieder aufsetzten.

„So ist es viel besser!“, fand Jelena und warf Paul einen dankbaren Blick zu, bevor sie in Emilas Schweif griff und sich auf den Weg nach oben machte.

Maria lief vor ihr, und Jelena sah, wie sie plötzlich mit dem linken Fuß umknickte und um ein Haar gestürzt wäre.

Jelena hielt Emila an und stützte Maria, die mit schmerzverzerrtem Gesicht neben ihrem Pferd stand. „Ich glaube, es geht schon wieder“, sagte sie nach einigen Minuten, aber als sie weiterlaufen wollte, schrie sie schon nach dem ersten Schritt auf. „Es muss eine Zerrung sein“, stöhnte Maria. „Laufen ist unmöglich!“

„Aber reiten kannst du doch!“, warf Paul ein.

„Vielleicht.“ Maria stellte den linken Fuß in den Bügel, konnte sich aber mit dem rechten nicht abstoßen. Erst als Paul von unten schob, gelang es ihr, sich in den Sattel zu ziehen.

„Wenn wir oben sind, ist es nicht mehr weit bis nach Michigan Bluff, unserem nächsten Stopp“, sagte Paul.

Er und Jelena liefen mit ihren Pferden den Canyon hinauf, während Maria hinter ihnen herritt. Sie hatte Schmerzen, wenn sie sich in die Bügel stellte und Leichttraben wollte, aber als sie in Michigan Bluff eintrafen, war es schon ein wenig besser.

Auch hier standen wieder Leute am Straßenrand, klatschten und jubelten und feuerten die Reiter an. „Ihr seid gut in der Zeit!“, rief ein älterer Mann mit einem wilden Bart. „Ihr kommt in die Top Ten, wenn ihr so weitermacht!“

Jelenas Herz schlug höher. Konnte das wahr sein? Es wäre Wahnsinn, wenn sie wirklich unter den ersten zehn Reitern sein würden!

Während des 15-minütigen Stopps untersuchte ein Arzt Marias Knöchel und stellte eine Zerrung fest. „Ich kann den Fuß bandagieren, wenn Sie weiterreiten wollen“, bot er an. „Von hier aus sind es noch knappe 40 Meilen!“

Maria nickte mit zusammengebissenen Zähnen. „Ich gebe nicht auf!“

Der Verband half tatsächlich, und sie kamen gut voran. Vor ihnen lag ein dritter Canyon, aber inzwischen war es schon früher Abend, und es wurde etwas kühler. Sie beschlossen, diesmal mit Rücksicht auf Maria nicht zu laufen, sondern bis zum nächsten Stopp zu reiten.

In Foresthill war Bob wieder mit seiner Crew zur Stelle. Hier hatten alle wieder eine Stunde Pause, ehe sie ihren Weg fortsetzen durften.

Bob hatte frische Hemden und Taschenlampen dabei, inzwischen war es sieben Uhr abends.

Als die sechzig Minuten Pause um waren, tat Marias Fuß immer noch weh, aber sie wollte unbedingt weiterreiten. Mit zusammengebissenen Zähnen stieg sie wieder in den Sattel.

Das nächste Wegstück führte durch die kleine Stadt Foresthill, dann in einen Wald und schließlich in Serpentinen in eine Schlucht hinunter.

„Hier sollten wir wieder traben!“, meinte Paul. „Wir haben nur noch eine halbe Stunde Tageslicht!“

Kaum waren sie ein paar Meter getrabt, da rief Maria von hinten: „Barbakan hat ein Hufeisen verloren!“

Tatsächlich fehlte das vordere linke Eisen, der Wallach musste es sich abgetreten haben. „Gut, dass ich einen Hufschuh dabeihabe!“ Maria kramte in ihrer Packtasche, hielt dann aber inne.

„Das kostet euch nur Zeit“, meinte sie eindringlich. „Reitet weiter, ich komme nach. Mit meinem Fuß und dem Hufschuh schaffen wir es nicht so schnell wir ihr!“ Sie griff nach den Formularen, mit denen sie sich für Jelena und Paul verantwortlich erklärte, und hielt es dem Mädchen hin. „Hier, das gibst du dem nächsten Erwachsenen, den ihr seht. Bittet ihn, es zu unterschreiben, damit ihr weiterreiten könnt!“

Jelena zögerte, aber Maria wollte keine weitere Diskussion. „Nun macht schon, die Zeit läuft! Einen Hufschuh kann ich alleine aufziehen, und dann gehen Barbakan und ich den Rest des Weges einfach gemütlich an!“

„Los, komm!“ Paul war schon wieder im Sattel. „Raascha und Emila sind noch gut in Form!“

Langsam senkte sich die Dämmerung herab, aber die Pferde trabten unbeirrt weiter. „Jetzt muss ich mich ganz auf dich verlassen, Emila“, flüsterte Jelena ihrer Stute zu. Es war unheimlich, im Dunklen durch den Wald zu traben, und eine ganze Weile sahen die beiden keinen anderen Reiter.

Nach einer halben Stunde holten sie einen Reiter ein, der sein Pferd gerade an einem Bach trinken ließ. Erst als sie direkt neben ihm waren, erkannte Jelena die ältere Dame, die ihr gestern Abend im Camp Mut gemacht hatte.

Schnell berichteten sie ihr von Marias Unfall und gaben ihr das Formular. „Kein Problem, ihr könnt mit mir reiten“, meinte sie. Tamara schwang sich in den Sattel und legte ein schnelles Tempo vor.

Nach gut zehn Minuten wurde das Gelände schwierig. Sie kamen an den California Loop und ritten in Serpentinen die Schlucht über dem American River hinunter.

Jelena musste an das Pferd denken, das hier abgerutscht und in die Tiefe gestürzt war. Ein falscher Tritt konnte das Ende bedeuten. Sie schluckte und griff nach ihrem Kettchen mit dem Schutzengel und umschloss ihn einen Augenblick fest mit der Hand.

Paul ritt unbeirrt vor ihr her, und der American River glitzerte unter ihr im Licht des Mondes, der nun rund und gelb über den Bäumen aufstieg. Eigentlich wäre es sehr romantisch gewesen, aber Jelena war zu angespannt und müde, als dass sie noch irgendetwas von der Umgebung wahrgenommen hätte.

Bald ging es wieder ein Stück durch den Wald, und Jelena beugte sich weit vor, griff in die Mähne und ließ Emila traben. Zweige kratzten über ihren Helm und ihre Arme, einmal schrie ein Käuzchen unheimlich. Jelena war froh, dass sie nicht allein ritt, es war beruhigend, Paul vor sich und Tamara hinter sich zu wissen.

„Jetzt ist es nicht mehr weit bis zum letzten Stopp vor dem Ziel“, rief Paul nach einer weiteren halben Stunde und deutete auf einen hohen Felsen, der rechts von ihnen aufragte. Kurz vorher überholten sie noch eine Gruppe von Reitern, die alle Schritt ritten, um ihre Pferde zu schonen. Sie schienen müde und gereizt zu sein und schauten sie mürrisch an, als Jelena mit ihren Freunden vorbeitrabte. Dabei waren sie dem Ziel so nah!

Auch beim letzten Stopp hatten die Tierärzte nichts auszusetzen, im Gegenteil, sie staunten sogar über Emilas gute Werte. „Man sollte meinen, sie sei gerade von einem Spazierritt hier angekommen", sagte der Tierarzt mit einem Blick auf ihre Werte.

„Die letzten drei Pferde vor euch konnten alle nicht weiter", berichtete eine der Helferinnen, „ihr liegt wirklich gut in der Zeit und habt nur noch dreißig Kilometer bis zum Ziel. Alles Gute!"

Jelena schlang Emila die Arme um den Hals. „Kannst du wirklich noch?", fragte sie ihre Stute leise.

Emila hob den Kopf und sah Jelena mit wachen, lebhaften Augen an.

„Und ob sie noch kann!", lachte Tamara.

Wie im Traum stieg Jelena wieder in den Sattel. Das Ziel war nicht mehr weit! Sie ritten durch einen Fluss, der aber nicht besonders tief war, und trabten etwas später im Mondlicht über die „No Hands Bridge", die trotz ihres Namens ein Geländer hatte. Nach der Brücke überholten sie noch einmal zwei Reiter, deren Pferde eine Schrittpause brauchten.

Jelena war so müde und erschöpft, dass ihr fast schlecht wurde. Nahm der Weg denn nie ein Ende? Mittlerweile kamen ihr alle Wegbiegungen gleich vor. „Sind wir dieses Stück nicht schon einmal geritten?", fragte sie nach zehn Minuten. Sie hatte total die Orientierung verloren.

„Oh nein, wir sind genau auf dem richtigen Weg“, versicherte Tamara. „Solange wir die Leuchtstäbchen sehen, ist alles in Ordnung!“

Als Jelena schon nicht mehr wusste, wie lange sie sich noch im Sattel halten konnte, sahen sie vor sich auf einmal Licht. „Das ist das Ziel!“ Paul hielt Raascha an. „Los, Jelena, reite voraus!“

„Aber wieso denn, du bist doch vorne!“

„Für uns ist es egal, welche Platzierung wir haben“, sagte Tamara. „Aber für dich und Emila ist es wichtig. Los, Mädchen, mach schon!“

Jelena zögerte einen Augenblick, aber dann hörte sie hinter sich den Hufschlag eines schnell trabenden Pferdes. Da trieb sie Emila an, und die Schimmelstute lief mit schwingenden Tritten den Berg hinauf und über die Ziellinie.

„Du bist Achte!“, schrie jemand, und auf einmal war Jelena von Lichtern geblendet und von Menschen umringt. Vor Schwäche zitterte sie am ganzen Körper. Sie konnte kaum glauben, dass sie es wirklich geschafft hatte!

Jemand hielt ihr ein Mikrofon vors Gesicht, eine Kamera surrte, und ein Reporter fragte, wie sie sich fühlte.

„Ich bin so glücklich!“, brachte Jelena hervor, und auf einmal kamen die Tränen. „Wir haben es geschafft!“ Sie glitt mit wackeligen Knien aus dem Sattel und umarmte Emila, die ruhig dastand und sich von den Lichtern und der Menschenmenge nicht aus der Ruhe bringen ließ.

Jelena vergrub ihr Gesicht in der Mähne ihrer geliebten Stute. „Danke“, flüsterte sie mit tränenerstickter Stimme. Sie wusste, dass Emila ihr Bestes gegeben hatte. Freiwillig und nur für sie. „Vielen, vielen Dank!“

Plötzlich legte ihr jemand einen Arm um die Schultern und redete auf Polnisch auf sie ein.

„Dr. Stachura!“, stammelte Jelena entgeistert. „Was machen Sie denn hier?“

Der Gestütsleiter nahm sie fest in den Arm, was sonst gar nicht seine Art war, und strahlte über das ganze Gesicht. „Ich musste mir diesen Ritt doch anschauen“, meinte er. „Was für eine tolle Leistung, mein Gott, in dem schwierigen Gelände! Ich bin so stolz auf dich! Und auf unsere Stute!“

Kameras blitzten, und das Filmteam interviewte Dr. Stachura, als Paul Jelena am Ärmel fasste und mitzog. „Komm, wir müssen mit den Pferden noch einmal vortraben“, sagte er.

„Vielen Dank für alles, Paul!“ Jelena fiel dem großen Jungen um den Hals. „Wir haben es geschafft, wir haben es geschafft!“, jubelte sie und lachte und weinte gleichzeitig. Die Erleichterung war einfach zu groß.

„Gut gemacht!“, gratulierte auch Tamara und strahlte sie an. Gemeinsam führten sie ihre Pferde in das hell erleuchtete Stadion und ritten dort die obligatorische Siegerrunde, die jeder machen durfte, der den Tevis innerhalb von 24 Stunden bewältigt hatte.

„Wo ist Maria?“, fragte Jelena als Erstes, als sie nach ein paar Stunden Schlaf im Camp erwachte.

„Sie ruht sich aus. Sie ist um drei Uhr früh als Nummer 59 durchs Ziel gekommen", berichtete Bob und reichte ihr eine Tasse Kaffee. „Wie fühlst du dich?"

„Mir tut alles weh", meinte Jelena, „aber das macht nichts. Ich kann es immer noch nicht fassen. Wir haben es geschafft!"

„Das ist wirklich eine tolle Leistung! Von 218 Teilnehmern haben nur 102 das Ziel erreicht!"

„So, nun mach dich schnell fertig, um Emila den Tierärzten zur Abschlussuntersuchung vorzustellen", meinte Leslie mit einem Blick auf die Uhr. „Jetzt wird noch unter den ersten zehn Pferden der Gewinner des Konditionspreises ermittelt!"

Kurz darauf führte Jelena ihre Stute wieder in das große Stadion mit seinen voll besetzten Rängen. Ein Sprecher stellte dem Publikum alle Pferde und ihre Reiter vor, während die Tierärzte die Pferde eingehend untersuchten.

Emila wirkte ausgeruht, sie trabte ohne die geringste Lahmheit vor und zeigte dabei an der Hand ihre spektakulären Gänge. Sie trug Kopf und Schweif hoch erhoben und schien mit den Hufen kaum den Boden zu berühren. Die Zuschauer waren so beeindruckt, dass sie spontan zu klatschen begannen.

Nach einer kurzen Beratung griff der Sprecher nach dem Mikrofon: „Das Gremium der Tierärzte ist sich einig: Der Haggin Cup geht dieses Jahr an die Stute Emila, geritten und trainiert von Jelena Gadzalski!"

Ein ohrenbetäubender Applaus brach los, die Leute

im Stadion johlten und pfiffen vor Begeisterung, jemand reichte der verdutzten Jelena einen großen goldenen Pokal, und schon wieder summten die Filmkameras.

Jeder beglückwünschte Jelena, und auf einmal war auch Dr. Stachura wieder da, mit einem Bund Möhren für Emila.

Ein großer Mann mit einem Mikrofon kam auf ihn zu und sprach ihn an: „Dr. Stachura, wie ich höre, sind Sie der Besitzer dieser wundervollen Stute. Werden Sie Emila wieder mit nach Polen nehmen oder hier in den USA verkaufen? Es sind bereits sehr hohe Angebote gemacht worden, zu denen Sie sich aber nicht geäußert haben!"

Auf einmal senkte sich eine gespannte Stille über das Stadion, und Jelena wollte schier das Herz stehen bleiben. Sie schluckte und sah Dr. Stachura an. Er würde Emila doch nicht etwa verkaufen? Er hatte ihr doch versprochen, sie zu behalten! Oder war er nur wegen eines möglichen Verkaufs in die USA geflogen? Hatte er damit gerechnet, hier viel Geld für Emila zu bekommen?

Dr. Stachura räusperte sich. „Emila geht mit dem Bestehen des Tevis Cups in die Herde unserer Zuchtstuten ein, und zwar als eine unserer Elitestuten", sagte er ruhig. „Falls sie jemals verkauft werden sollte, dann an eine gewisse junge Dame, die an dieses Pferd geglaubt hat und deren Geduld und Liebe diesen Sieg ermöglicht haben!" Er deutete auf Jelena, und erneut applaudierten die Leute. Als es wieder ruhig geworden war, fügte er mit einem verschmitzten Lächeln hinzu. „Es kann gut sein, dass in den nächsten Jahren einige Söhne oder Töchter unserer Emila zum Verkauf stehen werden. Besucher sind auf unserem Gestüt jederzeit willkommen!“

Jelena atmete tief durch. Sie war unendlich glücklich. Emila würde mit ihr nach Hause kommen, sie würde sie jeden Tag sehen können.

In diesem Moment kam eine schlanke Gestalt auf sie zugehinkt. Maria!

Jelena lief mit Emila zu ihr hinüber. Sie stellte den Haggin Cup ab und umarmte die Freundin. „Ohne dich hätte ich das alles niemals geschafft!“, sagte sie leise. „Eigentlich hättest du diesen Pokal verdient!“

„Unsinn!“ Maria lächelte sie an. „Ich freue mich sehr, dass Emila es geschafft hat.“ Dann zeigte sie stolz auf ihren Gürtel, an dem die silberne Schnalle der Tevis Cup-Teilnehmer glänzte. „Ich bin schon sehr zufrieden, dass ich überhaupt mal mitreiten durfte“, meinte sie.

Jetzt kam auch Paul mit Raascha zu ihnen herüber, um Jelena zu gratulieren. Er legte den Arm um sie und sah sie an. „Wer weiß“, sagte er, „vielleicht komme ich ja mal nach Polen, um bei euch einen Sommer lang auf dem Gestüt mitzuhelfen!“

„Das wäre toll!“, strahlte Jelena. „Dann zeige ich dir meine Welt!“

Auf einmal wurde ihr bewusst, dass sich mit diesem Ritt ihr ganzes Leben verändert hatte. Ihre Welt war so groß geworden, sie hatte so viel Neues gesehen und erlebt, und sie hatte neue Freunde gefunden, sehr gute Freunde. Es würde ein unvergessliches Erlebnis bleiben, den Tevis Cup gemeinsam gemeistert zu haben, etwas, das niemand nachvollziehen konnte, der nicht mit dabei gewesen war.

Raascha zupfte sich eine Möhre aus dem Bündel, an dem Emila herumkaute. Um sie herum klickten die Kameras, immer wieder kam jemand zu ihnen, um sie zu beglückwünschen und Emila zu bewundern.

Der weißen Stute schien der Trubel nichts auszumachen. Sie stand mit hocherhobenem Kopf in der Menge, wie eine Königin, die Hof hielt. Nach einer Weile senkte sie die Nüstern zu Jelena und stupste sie sanft an.

„Ich glaube, jetzt hat sie genug und möchte ihre Ruhe haben", meinte Jelena und sah Paul an.

„Ich auch", grinste er und nahm ihre Hand. Gemeinsam mit ihren Pferden liefen sie zum Camp zurück.

Alles über

Vollblutaraber

Eine Hand voll Südwind

Und Allah sprach zum Südwind:
„Verdichte dich! Ich will aus dir ein neues Wesen schaffen: Es soll ein Glück sein für die Guten und ein Unheil für die Bösen! Das Gute sei gebunden an seine Stirnhaare, das Glück an seinen Rücken. Es soll fliegen ohne Flügel, es soll siegen ohne Schwert!"
So schuf Allah das arabische Pferd.

Dies ist nur eine Version der Entstehungsgeschichte des arabischen Pferdes. Eine andere Legende erzählt von einer schrecklichen Schlacht, nach der Mohammed, der Prophet, seine halb verdursteten Kriegspferde zum Wasser laufen ließ. Aber noch bevor die Pferde das kühle Nass erreichten, rief er sie erneut zum Kampf. Nur fünf Stuten folgten seinem Ruf, und diese machte er zu den Stammmüttern der arabischen Zucht.

Niemand kennt den eigentlichen Ursprung der arabischen Rasse genau, sicher ist aber, dass die Araber die älteste Pferderasse der Welt sind. Auf der arabischen Halbinsel wurden sie bereits 5000 Jahre vor Christus gezüchtet. Die Beduinenstämme nahmen eine sehr strenge Auslese vor. Nur die besten Pferde waren den Anstrengungen ständiger Kriegszüge und des Wüstenlebens gewachsen. Die arabischen Vollblüter waren und sind für folgenden Qualitäten berühmt: Ausdauer, Genügsamkeit, Schnelligkeit, Mut, Härte, Gesundheit, Fruchtbarkeit, Langlebigkeit und Adel.

Die Beduinen hielten ihre Pferde oft in ihren Zelten. Das machte sie besonders menschenbezogen und umgänglich, diese Charaktereigenschaften findet man auch heute noch bei vielen Arabern.

Schon im 7. Jahrhundert wurden arabische Pferde von den Mauren über Nordafrika auf die iberische Halbinsel gebracht. Über die Jahrhunderte hinweg kamen immer mehr Vollblutaraber nach Europa und beeinflussten die dortige Pferdezucht wie kein anderes Pferd. Englische Vollblüter stammen von den berühmten arabischen Hengsten Darley, Godolphin Arabian und Byerley Turk ab, aber auch Haflinger, Andalusier oder Trakehner, um nur ein paar zu nennen, führen arabisches Blut.

Außerdem entwickelten sich andere Zuchtrichtungen des Arabers, wie zum Beispiel Shagya- und Anglo-Araber, die speziell für den Sport gezüchtet wurden.

Im 17. und 18. Jahrhundert begann die europäische Reinzucht der Araber. 1817 wurde zum Beispiel das berühmte polnische Gestüt Janov Podlaski gegründet.

Im selben Jahr gründete König Wilhelm I das erste deutsche Arabergestüt in Weil. Hierher brachte er den Hengst Bairactar, der die berühmte Amurath Sahib-Linie begründete. Seine Nachkommen sind heute in der ganzen Welt zu finden.
Durch die beiden Weltkriege erlitten die europäischen Gestüte schwere Verluste, aber dennoch gelang es, die Zuchten in vielen Ländern, zum Beispiel in England, Polen, Deutschland, Spanien, Russland und Frankreich, zu erhalten.
Die verschiedenen Länder entwickelten eigene Zuchtrichtungen. Hier nur ein paar Beispiele:
Die englischen „Crabbet"-Araber sind besonders kräftig und haben oft viele weiße Abzeichen, während Polen berühmt für seine wunderschönen Saglawi- und leistungsfähigen Kuhailan-Araber ist, die sich fast alle auf der Rennbahn bewährt haben.
Besonders gutes Gangwerk und Rennleistung ist das Kriterium der russischen Vollblutaraberzucht.
Die Franzosen legen größten Wert auf Rittigkeit und Rennleistung, sodass die heutigen Araber französischer Abstammung in den Rennen meist vorn sind, aber oft kaum mehr arabischen Typ zeigen.
In den USA wurde besonders in den 50er Jahren viel Inzucht mit Saglawi-Pferden betrieben und reine Showpferde gezüchtet, die dadurch oft ihren korrekten Körperbau und ihre guten Reiteigenschaften verloren.

Mittlerweile werden Araber fast auf der ganzen Welt gezüchtet. In vielen Ländern findet man unterschiedliche Zuchtrichtungen vor, es gibt zum Bespiel in Deutschland Züchter, die rein polnische, russische oder ägyptische Linien züchten.

Beschreibung des heutigen Arabers:

Verbreitung: weltweit

Größe: bis 160 cm, durchschnittliches Stockmaß ca. 150-155 cm

Farben: Braune, Füchse und Schimmel sind am häufigsten. Rappen sind selten, Schecken gibt es nicht.

Aussehen: Der Kopf ist kurz und edel, oft mit leicht konkaver Nasenlinie, je nach Zuchtrichtung. Ägyptische Araber zeigen diese Kopfform häufiger als zum Beispiel französische, die meist gerade Nasenlinien haben. Kleines Maul mit großen Nüstern, große, weit auseinander stehende Augen, breite Stirn, kleine, bewegliche, wohlgeformte Ohren. Mähne und Schweif sind lang und seidig, die Behaarung generell sehr fein, sodass oft die Adern durchscheinen. Der Hals ist elegant geschwungen, guter Ansatz an der Brust und im Genick.

Die Schultern sind schräg und kräftig mit gut ausgeprägtem Widerrist. Der Rücken ist je nach Zuchtrichtung kurz und kräftig (russische und polnische Araber) oder aber eher lang und gelegentlich matt (ägyptische Araber).

Die Beine sind klar, hart und trocken, mit guten Sehnen.

Die Bewegungen sind sehr frei und schön, schwebender Trab mit viel Bewegung aus der Schulter.

Charakter: Der Araber gilt als sanftmütiges, aber temperamentvolles Pferd. Wie bei jeder Rasse gibt es auch hier Abstufungen von „hysterisch" bis „total cool", generell sind Araber aber keine Schlaftabletten, sondern laufen gerne.

Haltung: Da der Araber ein ausgesprochen lauffreudiges Tier ist und bei zu wenig Bewegung heftig werden kann, ist die Offenstallhaltung für Araber ideal.

Fütterung: Der Araber ist relativ genügsam und sollte auf keinen Fall zu viel Eiweiß (Hafer) gefüttert bekommen.

Was Araber alles können ...

Araber haben sich als Dressur- und Springpferde bewährt, aber am erfolgreichsten sind sie im Distanzsport. Hier gewinnen sie auf Grund ihrer besonderen Ausdauer und Zähigkeit alle Rennen, es gab unter den siegreichen Pferden kaum eines mit weniger als 50% arabischem Blutanteil.

Auch auf der Rennbahn sind Araber in ihrem Element, da sie sehr schnell sind. Es gibt eigene Rennen für arabische Vollblüter, denn wegen ihrer geringeren Größe sind sie nicht so schnell wie die englischen Vollblüter.

Araber sind wegen ihres sanftmütigen, freundlichen Charakters auch wunderbare Familien- und Freizeitpferde; sie eignen sich außerdem zum Westernreiten und werden wegen ihrer großen Lernfähigkeit auch oft als Zirkuspferde verwendet.

Interessante Internetseiten und Zeitschriften:

www.arabische-pferde.de

www.arabian-stallions.de

www.arabian-obsession.com

www.araberzuchtverband.de

www.foothill.net/tevis/

Araber Journal, Symposion Verlag

Gefahr in den Bergen

ISBN 3-505-11978-4

Als Leonie in einem Wanderzirkus die Haflingerstute Flocke sieht, ist es um sie geschehen: Sie will das halb verhungerte Pferd um jeden Preis retten! Schließlich kaufen ihre Eltern die Stute, und mit viel Pflege wird Flocke tatsächlich wieder gesund. Doch dann folgt für sie eine harte Bewährungsprobe. Bei einem Ausritt in die Berge geraten Leonie und eine Kindergruppe in große Gefahr. Für ihre Rettung brauchen sie dringend Flockes Hilfe ...

Schneider Buch

www.schneiderbuch.de